JN099053

競馬初心者でも安心！

WIN5の教科書

樋野竜司
Ryuji Hino

世紀の大発見!?
13年間の研究の末にたどり着いた
的中率48%、回収率110%の
高期待値ゾーンとは？

双葉社

競馬初心者でも安心！

WIN5の教科書

◎目次

※写真はイメージで本文とは関係ありません
※成績、配当等は必ず主催者発行のものと照合してください。
※名称、所属は一部を除いて2023年9月10日現在のものです。
※本書データは断りのない限り2023年7月2日現在までです。

1．WIN5の払戻を受けた方へ

　払戻金とは、WIN5を的中させた際の受け取り金額のことを指します。勝馬投票券、特にWIN5の払戻金は税法の規定に基づき、確定申告が必要となるケースが存在します。詳細や自身の確定申告に関する疑問点は、お近くの税務署や国税庁ホームページを参照し、適切な手続きをお願いいたします。

2．的中保証と購入責任について

　本書はWIN5の的中を保証するものではございません。馬券購入は、一切の保証を伴わないものであり、購入者の判断と責任のもとで行うものとなります。過度な賭けや無計画な投資は、経済的な損失や精神的なストレスを引き起こすリスクが高まります。購入前に十分な情報収集やリスク評価を行い、自身の経済状況や生活状態を鑑み、適切な金額の馬券を購入するよう心がけてください。賭けに関する適切な判断と行動が、長期的な楽しみや健康的な趣味としての競馬を維持するための鍵となります。

装丁◎戸澤徹　本文ＤＴＰ◎ムーングラフィックス
編集＆執筆協力◎野中香良　写真◎武田明彦（装丁写真・本文イメージ写真提供）

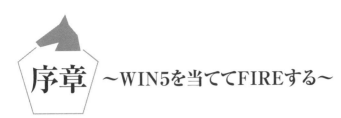

序章 ～WIN5を当ててFIREする～

何人もギャンブルは
"運"の支配からは逃れられない!!
「WIN5と運!」

・競馬の知識が豊富でも億を仕留められない理由
・3連単以上の魅力が詰まった馬券の攻略術はあるのか
・初心者でも攻略可能な馬券がWIN5だ!!

WIN5と運!

競馬とはまさに運と才能、そしてタイミングが重なる瞬間、想定外の結果が生まれる魅力的な世界。だからこそ、運という要素を軽視してはいけない。馬券の実力だけで当てるのが難しいWIN5の世界にどう挑んでいくのか。

WIN5で億を超える配当を仕留めて競馬でFIRE!

●高額配当を仕留められない理由

　この本は、WIN5で一攫千金を夢見るとある競馬ライターの物語について書かれたものです。

　正直に申し上げますが、まだ人様に自慢できるようなWIN5の大当たりをしたことはありません。そこを理解していただいたうえで、お読みください。ただ、いつかはWIN5で億を超える配当を仕留めて競馬でFIRE（経済的な自由）を達成しようと思っていますし、もしそれを読者の皆さんと一緒に達成出来たらこれ以上の喜びはありません。

　そんな筆者に、WIN5の本を書く機会をいただけたことは大変ありがたいことなのですが、適任なのか自分でも戸惑っている部分があります。打ち合わせの席で「じゃいさんでも、真田理さんでもなく、どうしてボクなんですか?」と思わず質問したくらいです。じゃいさんは芸能人最強のギャンブラーとして有

名で詳しい説明は不要でしょう。真田さんはWIN5で億を超える配当を2度も的中したことがあるモノホンの凄腕馬券師。そういう凄い人たちに比べると筆者には輝かしい実績がないのです。その質問に対する担当編集さんの答えは**「ヒノさんの方法ならみんな真似できそう」**というもの。単純な筆者はうれしく感じたのですが、よくよく考えたらけなされているような気もしないでもありません。

　ただ、大谷翔平や藤井聡太竜王・名人を見るのは楽しいですが、真似るとなるとハードルが高い。突き抜けた実績を上げた人よりも、頑張れば自分も真似できそうなYouTuberのような存在のほうが目標にしやすい。そういう意味では筆者が適任なのかもしれません。

　そうはいいながらも、本心では競馬の知識が豊富でWIN5の取り組み方や戦略は正しいのに高額配当を仕留められないのは、自分には運がないからだと思っています。どうして筆者はこんなにも運がないのか?といつも嘆いています。しかし、昨今では人生の成功を決める最も重要な要素は、運だという身も蓋もない結論を導いた研究も。

●「成功は運次第」は本当か?

　2022年のイグノーベル賞を受賞した研究のテーマがまさにそれ。その研究のタイトルは「成功は運次第」というものです。この研究では、一定の才能(スキル、能力、知性など)を持つ不特定の人々を対象に、個々の40年間のキャリアを追跡調査し、資産の形成や成功者に共通する特徴を探るために、人生を詳細に分析しているのです。

　この研究の結果は、驚くべきものでした。「幸運だった層は資産面で最上位、不運だった層は底辺近かった」、「富は幸運な出来事で増え、不運な出来事で減る」、「最富裕層は、才能

面ではトップからほど遠い」、「富と才能は比例しない」という驚きの結果が明らかにされたのです。

その大きな結論は、**「最も成功するのは、そこそこ才能があり、運がいい人」**ということ。つまり、最も才能がある人が最も成功するわけではない。運がよく、そして「そこそこの才能」（中の上程度）がある人が最も成功するということが、この研究から示されたのです。

この結論は、ハーバード大学のマイケル・J・サンデル教授が語っているメリトクラシー（能力主義）の問題とも重なります。サンデル教授によれば、成功は単に個々の能力や努力によるものだけではない。出身地、家庭環境、教育の機会などの運や社会的な状況に大きく依存するというものです。これらの研究から、人生の成功のカギを握るのは運が重要であることが明らかになっています。そして、馬券でうまくいくかどうかも、運の占める割合が大きいことは疑いようがないでしょう。

もちろん、運が重要というのは身も蓋もない話で、馬券本の冒頭でする話としてはふさわしくないのかもしれません。でも、**競馬とはまさに運と才能、そしてタイミングが重なる瞬間、想定外の結果が生まれる魅力的な世界**ですよね。だからこそ、運という要素を軽視してはいけないのです。

●競馬ライターになったのも「運」!

筆者のWIN5が当たらないのも自分の腕を過信しすぎるあまり要所（運の存在）をおさえた攻略が出来ていなかった可能性も考えられます。運が重要ならそれを意識した買い方もあるはずです。そして、思い返せば、筆者が競馬ライターになれたのも数々の幸運に恵まれたからなのは間違いありません。

そこで、ひとつ自己紹介に近い話をさせていただきましょう。なぜ筆者が競馬ライターになれたのか、その理由にも

「運」が大いに関与していたのです。そもそも筆者は、島根から首都圏の大学に進学するという大いなる一歩を踏み出しました。しかし、あまりに勉強熱心だったせいで、大学生活はなんと8年間に及びました。まあ、それはちょっとした笑い話としておいてください。しかしこの8年間、大学で学んだものといえば何といっても馬券でした。教室での講義より、競馬場でのレース、そして馬券。それが筆者の大学時代でした。

　ただ、どれだけ馬券の研究に勤しんでも、すぐに競馬関係の仕事につけるわけではありません。ですから、筆者は大学で競馬の次に熱心に学んだデザインのスキルを活かし、広告のデザイナーとして働いていました。

　しかし、いずれは競馬の世界で働きたいという想いはずっと心の中にありました。当時はSNSもYouTubeもなく、自分から発信する手段が限られていました。そんな時、ある日の夜、仕事帰りに立ち寄ったコンビニで、競馬雑誌の最後のページに「ライター募集」の広告を目にしたのです。これはチャンスだと思い、応募メールを送ったのですが、返信はなく、筆者の挑戦は一旦空振りに終わりました。でも、この失敗が後の成功に繋がる幸運だったのです。

　それはなぜかというと、その頃、新たな馬券の券種が増えたからです。それが「馬単」や「3連複」。筆者としては新たなチャレンジの舞台が出来たわけで、高配当が期待できる3連複にチャンスを感じていました。

　馬券の腕や競馬の知識に関しては誰にも負けない自信がありました。だからこそ、ここでそれを証明すればいいと思ったのです。そうして馬単と3連複が導入された週に、3連複の馬券を購入。その結果、36万馬券を的中させることができたのです。そして、この成果を武器に再度「ライター募集」に応募。前回は一向に返信がなかったのですが、今度はその日のうちに「お

会いしたい」と返信がありました。なぜなら、筆者が的中させた36万馬券のコピーを添付したからです。

　それがきっかけとなり、筆者は競馬雑誌でライターとしてデビューすることができたのです。ここに至るまでには、やはり「運」が大いに関与していたのです。後の事は知れませんが、この瞬間に至るまでの人生を振り返ると、運命の導きが見えてきます。

●3連単の出現で劇的に変化!

　自分の運命とは、一体何でしょう?神秘的な力?それとも単なる偶然?筆者なりの答えは、何もかもが運命だと信じています。そう、競馬ライターとして長きに渡りキャリアを続けられているのも、ほとんど運のおかげだと思います。職業上、馬券と付き合い続けなければならないので、**運も味方につけないとやっていけない**という面も大きいのはいうまでもありません。

　筆者が競馬ライターとしてのキャリアをスタートさせたのは2002年11月。なんと、その僅か2年後の2004年9月に3連単が導入されたのです。筆者はその新しい馬券種の導入により、読者の皆さまに有益な情報を提供できるだけでなく、競馬ライターとしての立場も確立できると直感しました。これがもし何年も遅れていたら、筆者のキャリアは全く違う方向に進んでいたかもしれません。しかし、そうはならなかった。その理由は何か?そう、筆者が運良くその瞬間にそこにいたからなのは否定できないでしょう。

　そして2008年7月、大きな転機が訪れました。それまで後半4レースのみで販売されていた3連単が全レースに解禁されたのです。このことによって、3連単の攻略の幅が一気に広がり、その可能性は無限大に広がりました。この新たな挑戦のために、筆者は解禁初週から全レースの3連単を購入しました。その時期、

皆が3連単の攻略法を模索していたのですが、筆者は他の人とは異なる戦略を立てました。オッズが甘くなりやすい状況を利用して、多点買いを行い、的中優先で挑む戦略を採用したのです。そして、その戦略が見事にハマり、なんと4週続けて100万円以上のプラスを達成することができました。

政治騎手シリーズや馬券の天才！で馬券との格闘を常に公開中！

これらの出来事が、新しい馬券が次々と導入される時期と重なったことによって、筆者は競馬ライターとしてのキャリアをスタートさせ、さらには成功を収めることができたのだと思っています。筆者は馬券の研究にも心血を注ぎましたが、それ以上に、自分が運良く良いタイミングに恵まれたことを認めなければなりません。

それが運命だったのかもしれません。でも、その運命を引き寄せることができたのは、筆者が一貫して競馬という自己実現の旅に対して、自分の全力を尽くしたからではないでしょうか。だからこそ、運はただの偶然ではなく、情熱と努力、そして準備が整ったときにしか訪れないものなのかもしれません。

●億の可能性を秘めたWIN5との出会い

3連単が導入されたことにより、多くの人々がこれまでにはなかった大きな配当を手にすることが可能になりました。筆者は何度も100万円以上の払い戻しを獲得し、1年間で8桁の利益を達成することもありました。しかしそれは、より大きな舞台での成功に向けたステップにすぎませんでした。その大きな飛躍の可能性とは、2011年4月にデビューしたWIN5です。

WIN5は、一撃で億を超える配当を期待できるほどの破壊力を持っています。3連単とは比較にならないほどのポテンシャル

があります。新しい馬券が導入されるたびに、攻略法を見つけるのが難しくなる一方で、見つけた者には大きなリターンがあるという経験から、WIN5の攻略は、競馬でのFIRE（経済的な自由）を実現する可能性があると考えました。WIN5が発売される前から、期待に胸を膨らませていました。

しかし、現実は予想以上に厳しく、WIN5の攻略はこれまでの3連単や3連複とは比べものにならないほど難しく、全く成果を出すことができませんでした。それでも、ここにいる今、競馬ライターとして活動を続け、この本を書いているのは、**WIN5を攻略するための大きな配当を手にする可能性が依然として残っている**からです。

●WIN5で運命を変えるために必要なこと

この本は、筆者がどのようにしてWIN5と向き合い、その経験を通じて得た知識と技術を共有することを目指しています。これまでの戦いの中で得たテクニックを活用し、これからどのようにWIN5を的中させればいいのかを詳しく解説します。新たなチャレンジに挑むための戦略とともに、一緒に勝つための道筋を描きます。

競馬初心者の方も手にされると思いますので、WIN5の基本的な解説も触れるようにします。既にチャレンジされている方は知っていることも少なくないと思いますが、改めて復習することで気付かされることもあることでしょう。とにもかくにも、WIN5攻略のために筆者が常日頃から考えていること、現時点での分析結果を公開することにします。

最後に、読者の皆様へ。本書を手に取ったことで、何かしらの幸運が訪れますように。そして、競馬という旅を共に楽しみ、WIN5の攻略に向けて一歩一歩進んでいきましょう。皆様の成功と幸運を心から祈ります。

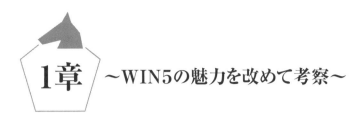

期待値プラスの行動を続けていれば
大的中もやってくる!

「運と収束」

・WIN5との出会いが筆者の馬券観を変えた!
・馬券とパチスロの比較
・WIN5的中への道は、正しい努力を重ね、何度も何度も挑戦すること

運と収束!

馬券を長く買い続けると、最終的にはどこに収束していくのか?
簡単そうで難しい問いだろう。馬券の(勝馬投票券)の還元率であ
る70%〜80%に近づくのが一般的だと考えられている。しかし、
WIN5なら還元率以上の収束も可能なはずである。

当てづらいのになぜ
WIN5を買うのか?

●WIN5は的中をコントロールできない

本書は競馬の知識がない人でも宝くじを買う感覚でWIN5に
挑戦できるし、それは宝くじと比べるとかなり歩のいいもので
あると伝えることがメインテーマです。ただ、WIN5とはどう
いう馬券なのか知っていただく必要があると思いますし、こ
れをきっかけに競馬の世界の魅力も伝わればなおのことうれし
い。なので、WIN5という馬券に対する筆者の哲学や、誕生か
ら10年超の間どういうことを考えて、どういう戦いをしてきた
のか、そこから話を始めていきたいと思います。

自省も込めた話になりますが、馬券本というジャンルで書か
れる内容は上手くいった事例だけを取り上げたチェリーピッキ
ング的なものになりやすい。

統計的に見て優れた手法であろうとも、偶然上手くいった部
分だけを切り取った詐欺的なものでも同じになってしまい、そ

れを読み手が見極めることが難しいという欠点があります。**幸運がいつ訪れるかというのは誰も予測できないし、運もコントロールできない。**だから、成果をアピールするにはたまたま上手くいったケースを取り上げるしかない。いつ、どういうタイミングで成功するかということは誰も事前に言い当てることができないし、タイミングを指南することは不可能なのです。馬券本として異色の書き出しになってしまいましたが、極力正直にありのままを伝えたい。なので、前章で運について書いたのも的中のタイミングをコントロールすることが不可能だということを伝えたかったからです。

●もし期待値プラスの宝くじがあったら…

宝くじは一部の方から「愚者への課税」あるいは「馬鹿への課税」と呼ばれることがあります。何が彼らにそう言わせるのでしょうか?その答えは期待値にあります。

まず、ひろゆき氏の主張ついてみていきましょう。彼は元2ちゃんねるの管理人で、現在では起業家、投資家、そして物議を醸す発言でも知られる社会評論家です。彼の宝くじに対する主張は、非常に辛辣で、次のように述べています。

「確率と投資金額からのリターンの計算が出来ない頭の悪い人が罰金を払う季節がやって参りました。売り上げの約40%が公共事業などで使われるので、お近くの情弱に『宝くじって夢があるよね?』とか言って散財させると吉です」

こうした言葉は、宝くじの還元率に焦点を当てた批判の一例です。年末ジャンボ宝くじの還元率は約45%とされ、つまり購入した金額の半分以下しか当選金として戻ってくることがないため、宝くじの期待値は0・45となります。

期待値とは、確率的な予想収益を示す数値です。つまり、何回か試行を繰り返した場合に平均して得られる結果のことを指

します。賭け事やギャンブルの世界では、特にこの期待値が重要となります。

　具体的に宝くじの期待値が0.45ということは、100円を投資した場合、平均的に45円しか戻ってこないということを意味します。一方で、期待値が1（100%）の場合、投資した金額がそのまま戻ってくるということになります。したがって、期待値が1より大きい場合は、投資した金額以上が期待できるということになります。

　それを考えると、期待値が0.45というのは、ギャンブルとしては「分の悪い」ものということが理解できます。長期的に見ると、投資した金額の半分以下しか戻ってこないので、宝くじを買い続けることは経済的に不利と言えるのです。そのため、宝くじを買うのは馬鹿げているという見方が広まっています。そこで、思考実験を通じて次の問いを考えてみたいと思います。

「もし期待値プラスの宝くじが存在するとしたら、買うべきか?」と。

　宝くじには様々な種類がありますが、その中にはロト6やロト7といったキャリーオーバー機能を持つものがあります。これは、当選者がいない場合、その分の賞金が次回以降の当選金に上乗せされる仕組みです。キャリーオーバーが積み上がり、総購入額を超えるレベルにまでなれば、理論的には期待値はプラスになります。したがって、期待値プラスの宝くじが存在することはあり得ます。

　Twitterでアンケートを取ったところ、多くの人が期待値プラスなら宝くじを買うと答えました。私自身も同じく「買う」という立場をとります。

　ただし、私たちは宝くじを買う際、当たりを期待せず、ハズレが当然と心得ることも大切です。期待値プラスの宝くじが売

られているとしても、その期待値を当てにするのは危険な行為だからです。実際、人工知能であるChatGPTに、期待値がプラスの宝くじが存在した場合に何が起こるかを尋ねたところ、「期待値がプラスでも的中率は同じなのに、的中率が上がったと錯覚する人が増える」という「確認バイアス」や「過剰信頼バイアス」という現象があることを教えてくれました。

　期待値がプラスの宝くじが売られていると想定した場合、次のような現象が起こりうると考えられます。

1・購入者の増加：期待値がプラスとなると、購入者の数は大幅に増える可能性があります。これは、勝つ確率が高くなったと誤解する人が増えるためです。

2・過度の購入：期待値がプラスになったと認識すると、一部の人々は通常以上に宝くじを購入するかもしれません。これは、期待値がプラスだからといって必ず利益が出るわけではないのに、利益を見込んで購入する行動です。

3・一部地域での売り切れ：期待値がプラスとなった宝くじが、特定の地域や店舗で売り切れる可能性があります。これは、多くの人々が同時に宝くじを購入しようとするためです。

　しかし、いくら期待値がプラスであっても、それは平均的なリターンを示すものであり、個々の試行に対する結果を保証するものではありません。また、確認バイアスや過剰信頼バイアスにより、本来の勝率以上に自分の勝算を過大評価し、かえって散財してしまう可能性があることも覚えておくべきです。そのため、購入は自己責任で行ない、自分の財務状況とリスク許容度を理解した上で決定することが重要です。

　さらに、ロト6やロト7のように自分で番号を選べる宝くじの場合、理論的には全ての組み合わせを買うことで期待値通りの結果を得やすくなる可能性があります。しかし、それには大量の資金が必要となりますし、当選者が増えた場合には期待値通

りの結果にならない可能性もあります。また、それだけの額を用意できる人は限られているでしょう。したがって、本書ではそのような特殊なケースは想定しておりません。

こういう期待値プラスの宝くじを買う場合なら、ひろゆき氏にも批判されずに済むでしょうか。期待値プラスの宝くじを「賢者への課税」と形容することもできるかもしれません。それは、期待値がプラスとなる宝くじは、数学的には有利な投資と見なせるためです。しかし、その期待値が現実の結果と一致するとは限らず、また認知バイアスによって過度に自分の勝算を信じすぎる危険性もあるため、真に賢者であるならば、そのリスクを理解した上で冷静な判断をすることが求められます。

というわけで、人間の一生という短い時間では、宝くじのような非常に低い的中率のギャンブルを期待値通りに収束させるのは無理があるという現実も理解しなければなりません。それでも、当たる確率はゼロではなく、早いタイミングで的中を引ければ大きな利益を手にすることが可能です。私が宝くじを「構造的に勝ちやすいギャンブル」と見なすのは勝ち逃げが容易だからです。**コツコツとプラスを積み上げるギャンブルでは、勝ち逃げが難しい。**勝敗ラインがハッキリしているのは間違いないでしょう。

逆に、期待値通りに収束するケースを考えてみると。もし10億円を当てた人が、その後も宝くじを買い続けて全額を消費し、さらに別の資金源から10億円を調達し、それも全てを宝くじに使ってしまった場合、その人の結果はほぼ期待値通りに収束したと言えるでしょう。しかし、このようなケースは極めて稀です。ありえないとっても過言ではないと思います。宝くじで手にした10億円を宝くじですべて溶かしてしまうというだけでも可能性は低いでしょう。というわけで、幸運を手にした人が勝ち逃げしてしまうので、期待値通りに収束すること自体が

ないともいえると思います。

●馬券を長く買い続けた際の収束地点とは

　馬券を長く買い続けると、最終的にはどこに収束していくのでしょうか。これは簡単そうで難しい問いです。馬券（勝馬投票券）の還元率（70～80%）に近付くのでしょうか?宝くじのように結果がランダムで運に任せるしかないならそうかもしれませんが、馬券は自分で購入する馬を決められ、さらに予想といった技術介入要素も存在します。私の考えでは、**馬券の実力が収束先**だと見ています。したがって、全馬券の購入者の平均期待値が0・7～0・8の間であるなら、**馬券の実力が高ければ、期待値はそれ以上になるはず**です。難しいことではありますが、馬券の実力が1を超えれば、馬券の回収率がプラスになると考えています。

　ただし、これはあくまでも私の見解で、考え方は人それぞれでしょう。

　無計画に馬券を購入し、試行回数を増やすと「大数の法則」により、結果は還元率に近い値しか得られなくなります。だからこそ、勝負するレースを絞る馬券師も多いのです。馬券師のタイプに関しては後で詳しく触れるのですが、収束先がマイナスとなると考える人たちは、試行回数を減らし、期待値と乖離した結果を得やすくする、すなわち収束を遅らせるという考え方が一般的です。

　私は逆に、**実力が期待値1を超えていれば、試行回数を増やし自分の実力に収束させる方が勝ちへの近道**だと考えています。なので、競馬の研究に精を出し、自身の実力を向上させることが勝つための最善の方法だと考えています。

　私は毎週土日に全国のコンビニでプリントできる「政治騎手コンビニ予想」という予想コンテンツを配信しています。この

成績を見てみると、2016年以降、約4800レースの予想結果は以下の通りです。

★配信約4800レースにおける◎データ

◎の単勝：108%

◎から各印へ流した馬連：105%

◎から各印へ流した3連複：107%

◎から各印への3連単マルチ：109%

オッズや馬体重、当日の馬場条件等がわからない、前日段階の予想で、これだけの結果を残せているのは自慢できると思っています。これからもこの水準の成績を残せるように、自分の実力を維持、あるいはさらに伸ばしていきたいと考えています。

というわけで、私の馬券の実力は、短期的には連敗したり下振れしたりすることもありますが、中長期的に考えれば収束すればプラスになると考えています。私にとって、収束とは、自分の努力に対するご褒美のようなものなのです。

自分の馬券生活を例えるなら、パチスロで毎日高設定台に座れるのと同じようなものだと思っているので、次の項目ではそれについて考察してみます。

●スロプロと馬券師の違いから期待値を考える

筆者はパチンコやパチスロから卒業してもう20年以上になるのでYouTubeのパチスロ動画で得た知識くらいしかないですが、ChatGPTと喧々諤々（けんけんがくがく）の議論の末にたどり着いたスロプロの立ち回りは、「高設定狙い」と「ハイエナ」の2つ正解にたどり着くという結論に至りました。オカルトを用いた戦略では食べていくことは不可能と思っているので、**プラスの期待値を積み重ねることが勝利の絶対条件**でこの原則からは逃れられないで

しょう。

　ChatGPTによる「高設定狙い」と「ハイエナ」の説明は次の通りでした。

●高設定狙い

　この戦略は、パチスロ店が特定の台に高い設定（期待値の高い状態）を入れていると予想し、その台を狙う立ち回りです。予想の根拠は各種ですが、一般的には、店側の営業パターン、特定の曜日やイベント日、新台の導入などによります。適切に行えば、平均的な期待値を上回る利益を見込むことが可能となりますが、設定狙いの成功は経験と知識、そして多少の運にも左右されます。

●ハイエナ

　ハイエナ戦法とは、他のプレイヤーが放置した良好な状態の台を見つけ、それを利用する戦略です。具体的には、ボーナスの直前や特定の高期待値状態にある台を探し出し、短期間でその台をプレイします。この戦略は各機種のゲームの仕様を詳しく理解し、また他のプレイヤーが見落とす可能性のある「良い台」を見つける観察力と機転が求められます。

　パチスロにおける設定とは、パチスロ機のボーナス・小役等の確率を（あらかじめプログラムされた範囲内で）変更し、最終的な出玉率（機械割）を上下させることができる機能のこと。1から6までの6段階あるのが一般的で、高設定とは出玉率が100%を大きく超える5や6のことを指す。こういう高設定台を確保できれば、高確率で勝つことができるわけです。

　一方、ハイエナには設定など関係ありません。もちろん高設定の空台があれば座るのでしょうが、一般的には「ゾーン狙

い」や「天井狙い」という戦略を取ることが多い。

　本筋から離れてしまうので、これについて詳しくは説明しませんが、パチスロにおける「天井」とは、大当たりが一定回数発生しなかった場合に、特定のゲーム数を超えると大当たり（ボーナス）が発生するように設定されている機能のことを指します。天井は特定のゲーム数に達したときにボーナスが確定するための一種の安全装置といえます。

　なので、天井までもうすぐの台を見つけ、天井到達までに必要な投資額とボーナスが発生したあとの払い出し期待値を比較し、それで利益が見込めるなら座って打つという感じです。そういう高期待値の台が空いているのが見つかるまで店を徘徊するので、ハイエナという名前で呼ばれているのでしょう。

　「高設定狙い」と「ハイエナ」の立ち回りの違いについて考えてみましょう。高設定狙いの場合は、狙いどおりの高設定台を確保できたら、あとはレバーを叩いてどんどん回すだけ。プロなら当たり台に座れたと確信したら、昼飯も食べずに店の閉店までレバーを叩き続けるでしょう。「ハイエナ」は、お目当ての台が空くまで待つのが基本。店を徘徊していい台が空くまで待つのが戦略のキモといっていいのでは。ただ、設定1でも理論上プラスになる台しか打たないので、粘り強く立ち回ればプロとしてやっていける。

　馬券師にも「高設定狙い」と「ハイエナ」のような2種類の立ち回りがあると思っています。どちらも正解なので、どちらが優れているということはありません。ただ、馬券師によって真逆の主張しているケースをよく見かけ、それが読者の混乱を招いているような気がしてならないのです。馬券に関する考え方が違うだけで、どちらも正解であることを自分なりにまとめてみたい。そうすれば、どちらのタイプが性分にあうのか自分の馬券戦略を考える上での指針にもなると思うからです。

　それを説明するために、パチスロにおける設定にあたるものは何かを説明しなければなりません。筆者は設定にあたるものを「馬券の実力」だと考えていて、それに収束すると思っています。馬券の実力がプラスでそこに向けて収束させることを目指すなら「高設定狙い」のような立ち回りになるでしょう。一方で、大数の法則によって馬券収支は最終的にはマイナスになると考えている場合は「ハイエナ」のような立ち回りをするのが正解。期待値マイナスの設定1しか打てなくてもプラスに持っていくのがハイエナの醍醐味ですから。

　筆者の実力がどの程度なのか、自分でもよくわからないのですが、コンビニプリントで売っている「政治騎手コンビニ予想」の成績では先ほど紹介した通り、本命の◎の単勝回収率が108％。◎から各印に流した場合を見てみると、馬連105％、3連複107％、3連単マルチ109％と、どれも100％超えています。16年以降の約4800レースを予想しての成績なので試行回数も十分でしょう。前日段階のものなので、オッズも馬場も馬体重もわからない状況でこれだけの好成績を残すことができているのですから、**自分の馬券の実力はパチスロの高設定並み**だといっても過言ではないと思っています。誇れる数字なので繰り返し説明させていただきました。

　なので、とにかく**たくさんのレースに手を出して収束させること**が筆者の目標になる。パチスロに例えるなら毎日高設定台に座れるわけですから、毎日通って朝一から閉店までブン回すのが正解と思っているからです。あまりにもオッズが安くて買えないレースもありますし、専門外の障害レースや新馬戦は買わないことが多いですが、基本的にケンは機械損失だと思っています。

　これが、「ハイエナ」タイプの馬券師の主張は真逆になります。「天井間近の台」が落ちていないか店内を徘徊して回るよ

うに、高確率で的中出来て、リターンも見込めるレースが見つ
かるまでケンを続ける。そういう高期待値のレースが見つかる
まで手を出さずに我慢する。そういう方法もあるでしょう。こ
ういう戦略を採る人は購入レース数を絞ることを推奨される場
合が多い。それも一つの正解の形だと思うのですが、筆者の考
えとは真逆です。

　最近のスマスロや6・5号機といわれるパチスロ機は波が荒
く、高設定を1日打ち続けてもマイナスになることも多いそう。
競馬の場合も同様で、オッズの変動が激しく、当たったレー
スの配当が購入時と比べ半減しているというケースも珍しくな
い。なかなか期待値通りに収束しにくくなっているのはどちら
も同じです。ただ、だからといって戦略を変更することはあり
ません。中長期的に見れば必ず収束するので、最終的にはプラ
スになるからです。

　ただ、注意しなければならないのは、パチスロの設定とは違
い**「馬券の実力」は変動する**ということです。不調が続いたと
きは、たまたま確率の下振れを引いているだけなのか、実力が
下がってマイナスになっているのか、常に意識を向けなければ
なりません。

　実力をプラスのままキープするために日々の研鑽を怠っては
ならないのが、「高設定狙い」の馬券師の欠点といっていいか
もしれません。

●WIN5で収束を目指すことが可能!

　とにかく、どんな道を選んでも長い期間努力を重ねコツコツ
プラスを積み上げていくことは同じです。競馬との付き合いは
一生続くとは思っていますが、一刻も早く苦行からは解放さ
れたいのは共通のはず。それを可能にするのがWIN5での一撃
で、WIN5も天文学的な膨大な試行回数を重ねれば「馬券の実

力」に収束するはずです。なので、いつか来る収束をうまく捕まえて、馬券で解脱したいと思っているのです。

WIN5に関しては、「うまくいかない」、「自分にはセンスがない」と常に言っていますが、まだ負けを認めたわけではありません。

実力がなかなか収束してくれないだけで、収束すれば一発で逆転できると常に考えています。**自分の馬券の期待値は1を超えている**と信じているからです。

ただ、宝くじについて「人間の短い一生の間に収束するわけがない」と述べていたので、この主張とは矛盾しないのでしょうか。

WIN5も宝くじ並みに的中率が低く、なかなか収束しないのですが、それでも宝くじよりは当たりやすい。

年末ジャンボ宝くじの1等に当選する確率は約1000万分の1と言われています。ロト6は609万6454分の1で、ロト7は1029万5472分の1です。

一方で、WIN5は最大で188万9568通りの組み合わせがあります。宝くじと比べると組み合わせ数が少なく、これまでに行われたレースの平均の組み合わせ数を調べると59万3286点です。したがって、**組み合わせ数から考えると、ロト6の1等よりも約10倍当たりやすい**と言えます。

さらに、予想して購入する馬を自分で決めることができます。とにかく配当に関しては目をつぶり、的中だけを考えるなら、さらに的中率を上げることが可能です。

単勝1倍台の馬の勝率は5割以上あり、1〜3番人気の3頭を選んだ場合でも合計の勝率は5割を超えます。全通り買えば100%で通過することも可能ですし、自分の予想の自信度に頼るのもいいと思います。つまり、人気や自分の予想力、購入方法のテクニックを駆使することで、**1レースの通過率を5割以上にするこ**

とは可能です。

　とはいえ、1レースあたりの的中率（通過率）が5割だとしても、5レース連続で当たるとなると、最終的な的中率は3%（32分の1）しかありません。

　32回に1回程度当たると言われても、体感的にはほとんど当たらないと思えますが、宝くじの的中確率を考えればそれほど低い確率ではありません。

　32回までに1回当たる確率は約63・2%あります。さらに、64回に1回当たる確率は約86・6%で、96回までに1回当たる確率は約95・1%です。

　ですから、年間50回程度行われる**WIN5に毎週参加し続ければ、1年以内に半分以上が的中を手にし、2年以内にはほぼ全ての人が一度は的中を手にできる計算**となります。ただし、一度も的中できない確率が5%近くあるため、絶対とは言い切れません。

　とにかく、収束は誰にでも平等に起こる現象ですので、それを味方につけることは得策です。宝くじやWIN5もいつかは必ず期待値に収束します。一度も的中を手にできなければ、収束することはありません。ですので、収束するということは、最低でも一度は的中を手にしているということです。ただし、宝くじは期待値的に不利です。一方、私はWIN5の期待値もプラスだと考えていますので、収束を目指して購入し続けるのみと考えているのです。

●人気馬から見る的中率のリアル!

　前項では、宝くじとWIN5の比較を試みました。宝くじがしばしば「愚者への課税」などと揶揄される理由は、その低い還元率と期待値が0・45程度しかないことに加え、その低い的中率が原因です。さらに、期待値通りに収束する可能性すら低いと

いう点を指摘しました。

　それでは、WIN5はどのように評価すれば良いでしょうか。馬券の中でも還元率が70%と最も低く、組み合わせ数が多いため的中率も宝くじ並みに低いです。さらに、的中を手に入れるまで払戻しがゼロなので、多くのケースで投資額を失うだけになってしまいます。これらの要素を考慮すると、WIN5も宝くじと同様に不利なギャンブルに思えてきます。

　しかし、WIN5には、自分で買い目を決めることができ、予想などの技術介入要素があるため、宝くじほど的中率が低いわけではありません。5レース連続で的中させなければならない中で、1レースの的中率（通過率）を50%以上にすることは不可能ではないのです。

　さて、1レースの通過率が50%でも、それを5レース連続で達成するとなると、最終的な的中率は約3%となります。しかしながら、3%の的中率があれば、100回チャレンジすれば95%以上の確率で的中することが可能というのは説明した通りです。そのため、運が悪くてもあきらめずに挑戦を続ければ、収束は必ず訪れます。なお、運はコントロールできないが、**収束は全員に平等に訪れる**ことを覚えておきましょう。

　そこで疑問が浮かびます。本当に通過率50%以上は可能なのか？　的中率3%というのは現実的なのか？　これらの疑問に答えるために、WIN5の発売開始から2023年6月11日までの670回のデータを利用して説明します。

●WIN5対象レースの人気別の勝率

1番人気：994回　（29・6%）
2番人気：632回　（18・8%）
3番人気：425回　（12・7%）
4番人気：343回　（10・2%）
5番人気：251回　（7・5%）

6番人気：194回（5・8%）

7番人気：154回（4・6%）

8番人気：106回（3・2%）

9番人気：73回（2・2%）

10番人気：50回（1・5%）

11番人気以降：132回（3・9%）

　WIN5の最初のレースの発走10分前までに購入しなければな
らないため、**最終オッズを確認して購入することはできませ
ん**。しかし、前売りオッズを利用してある程度予測は可能で
す。最終オッズから逆算して購入することはできませんが、そ
こは目をつむり、1番人気と2番人気の2頭を選ぶと仮定すれば、
通過率は48・4%となります。また、1番から3番人気の3頭を選
べば通過率はさらに上がり、61・1%となります。

　一見、通過率50%以上は高いハードルに感じるかもしれませ
んが、勝率の高い馬を選ぶだけでその通過率を簡単に達成する
ことは可能です。

　次に、この通過率を達成しながら、全5レース全て的中させる
ことができる確率が3%程度あるのかを見てみましょう。それぞ
れ1番人気だけ、1番と2番人気の2頭、1番から3番人気の3頭を選
んだケースの的中率を見てみると、以下のようになります：

●1～3番人気馬のみによるWIN5的中数

・1番人気5頭（1点）：的中回数1回、的中率0・15%
（通過率29・6%、理論上の的中率0・23%）

・1～2番人気2頭を選んだ場合（32点）：的中回数26回、的中率
3・88%（通過率48・4%、理論上の的中率2・66%）

・1～3番人気3頭を選んだ場合（243点）：的中回数63回、的中
率9・40%（通過率61・1%、理論上の的中率8・52%）

　これらの結果から、理論上の的中率に近い数字が出ているこ
とが分かります。これらの的中率は高くないかもしれません

が、先述したように、これくらいの的中率があれば、一貫して投資を続けることは可能ではないでしょうか。

　ただし、注意点として、1～3番人気までを選び、全243点を買い続ければよいというわけではないことを強調したいと思います。ここではあくまで的中率だけを考慮しており、回収率や期待値については考慮していません。

以下は各ケースの回収率です。

●1～3番人気馬のみによるWIN5回収率

・1番人気5頭:回収率15・3%

　（投資額6万7000円、払い戻し額1万2600円）

・1～2番人気:回収率70・0%

　（投資額214万4000円、払い戻し額150万1100円）

・1～3番人気:回収率58・1%

　（投資額1628万1000円、払い戻し額946万4980円）

　回収率から見ると、大きな赤字を抱えることになるでしょう。しかし、この結果は機械的に購入した結果であり、期待値通りに収束していると考えることもできます。

　以上から、期待値を考慮しながら、通過率50%以上を達成できる買い方を選択することが重要であるということが理解できると思います。次回は、通過率を維持しながら、期待値がプラスになるような購入方法を構築するにはどうすればよいかについて考察したいと思います。

●WIN5と収束、期待値を深堀する!

　前項では、我々は理論的な的中率と実際の的中率を比較し、2年以内に95%の確率でWIN5を的中させることが本当に可能なのかを検討しました。その内容は前2回の記事を通じて確認することができます。

　今回はWIN5における通過率と期待値の考え方について深く

掘り下げたいと思います。結論から言うと、通過率は意識すべきだが、期待値に関してはこだわるべきではないというのが筆者の立場です。

　単勝オッズからおおよその勝率は算出できるため、それを利用してWIN5における1点単位の的中率は計算可能です。さらに、5レース分の単勝オッズを掛け合わせれば、おおよその配当も予測できます。購入した馬の的中率を積算し、購入全体の的中率を推測することも可能です。推定配当と的中率を掛け合わせれば、1点あたりの期待値も計算できます。期待値が1を超える馬を購入し続ければ、最終的にはプラスになります。

　しかし、これは理論的な話で、現実ではWIN5の締め切りは5レース目の発走の1時間以上前であり、最終オッズはわからないため、これらの厳密な計算を元に購入を決定することは現実的ではありません。さらに、オッズを参考にした的中率や購入する馬を決定すると、WIN5の還元率の70％に近い期待値にしかならない。そして、人気薄の激走を予測し、購入に反映させることは困難です。それが可能ならば、WIN5の攻略以前に、他の馬券で大いに利益を得ているはずです。つまり、厳密な期待値を出すことは難しく、また、期待値が正確であったとしてもその通りの結果が得られるかは運次第となってしまいます。

　計算や購入する馬の選定に時間や手間がかかりすぎると、続けるのが難しくなります。そして続けられなくなった時点で、いずれ達成するべき収束を諦めることになります。したがって、筆者は通過率を意識すべきだが、期待値に対してはこだわらないという立場に至りました。期待値通りの結果を得るには、多くの試行が必要であり、何度も的中しなければならないものです。そのため、**まずは的中させることに注目する**方が良いと考えます。期待値を考慮して購入する馬を決めると、当たった時のインパクトは大きいでしょう。しかし、現実にはす

でに低い的中率がさらに下がり、的中させるのが一層困難になると思います。

通過率を5割にすることを目指していますが、もしこれが4割に下がったとしたら、的中させる難易度は大幅に上がります。2年以内に95%の確率で当たると前述しましたが、もし通過率が下がれば、その確率は63・4%まで減少します。95%の確率で一度でも的中するには、6年（約300回の試行）が必要となります。これでは、期待値が高いとしても、ちょっとしたハマりを食らうと精神的に持ちこたえられません。

したがって、高配当を引くかどうかは運に任せ、的中率を重視することが望ましいと言えます。

●通過率を改めて検証する

各レースの通過率を正確に把握するのは困難なため、これまで参加したレースで半数以上が的中しているかどうかで判断しています。

具体的なイメージとしては、白い球が500個、赤い球が500個、合計1000個の球があり、これをランダムに200個ずつ5つの袋に分けると考えてみてください。袋の中の白い球と赤い球の割合は分からないけど、全体では1対1であることはわかっています。

個々の確率は不明でも、最終的には2分の1になる。白が多ければ白が出やすく、赤が多ければ赤が出やすいです。各袋の具体的な確率は分かりませんが、これを何度も繰り返すと、最終的には白が出る確率も赤が出る確率も同じになります。同様に、WIN5でも各レースの厳密な通過率は判定できませんが、これまで参加したレースの通過率が半分を超えていれば、通過率50%を達成していると判断できます。

さらに、当たったときの単勝配当を総購入頭数で割って1を超

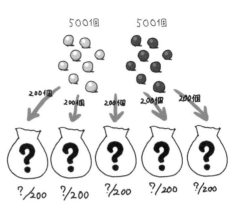

えていれば期待値もプラスと言えます。ただ、これについては的中できたときに上手く人気薄の馬が激走するかどうかという運次第な部分が大きいので、あくまで参考程度に考えるべきです。ただし、期待値がプラスであれば、長い目で見ると利益を生み出す可能性が高まることは間違いありません。

　というわけで、ここでは通過率と期待値について考察してきました。次章ではもっと実戦的なところに踏み込んでWIN5を攻略していきたいと思います。

コラム①
核融合と究極の的中への道は似ている!?

　核融合とWIN5的中。一見、全く関連性のない二つのテーマ。しかし、その達成の難しさと、それに挑む人々の情熱には共通点があります。それぞれの領域での成功は、人類の夢を具現化することに他なりません。核融合は、太陽のエネルギー源ともなっている現象で、非常に大きなエネルギーを供給できます。温室効果ガスを排出せず、核廃棄物の問題も少ないため、理想的なエネルギー源とされています。しかし、実用化のためにはさまざまな困難があるとされます。

　具体的な話は長くなるので省略しますが、どちらも理論的には説明できることでも具現化するのが難しいという現実があるという意味では一緒でしょう。核融合もWIN5的中も、一見達成不可能に思えるかもしれません。しかし、それぞれの領域で挑戦を続ける人々の情熱と努力があれば、いつか夢は現実となるでしょう。それが、科学とギャンブル、そして人間の挑戦の本質なのです。

2章 ～WIN5購入戦略と心構え～

具体的な購入戦略と
立ちはだかる壁を検証する

「WIN5購入術」

・今さら聞けない単勝とWIN5の違い
・買い目を絞る戦略はあるのか
・総流しは意外と難しい!!

WIN5購入術

この章では筆者が具体的に考えるWIN5の攻略方法を公開することにする。ポイントとなるのは前章でも触れた通過率。限りある資金を配分するにはこの通過率がひとつの鍵となるのだ。

無駄な買い目を最初に絞る!

●通過率60%超の黄金パターン!

　繰り返しになりますが、WIN5は、通過率の高いレースを見つけてそういうレースで点数を絞りつつ、上手く的中率を高めて収束を近づけることが重要だと考えています。

　WIN5対象レースの1番人気の勝率は29・5%ですが、ひとくちに1番人気といっても単勝1・2倍の確勝級の馬もいれば、混戦で押し上げられただけの頼りない1番人気もいる。単勝オッズが1・4倍以下の確勝級の馬の勝率は63・6%にもなるので、そういう馬がいるレースでは1点に絞って無駄な買い目を極力減らすことが可能。思わぬ取りこぼしがないとはいいませんが、そういうレアケースに期待しても的中率が下がって、収束が遠のくだけ。割り切って的中率の高いほうを信じたほうが得策ではないでしょうか。

　そして、通過率が6割を超える、代表的な通過率の高いパター

ンは以下の4つです。

●通過率が6割を超える4パターン

・単勝1.4倍以下の確勝級の馬のいるレース（1点）

・単勝1倍台の馬と2番人気（2点）

・2番人気の単勝オッズが2倍台の2強が拮抗しているレース（2点）

・3番人気の単勝オッズが3倍台の三つ巴レース（3点）

　理論だけではわかりにくいので、ここからは具体例を交えながら説明していきたいと思います。単勝1・4倍以下の確勝級の馬といって、真っ先に思い出されるのは最近ならアーモンドアイでしょう。

　2018年11月25日ジャパンカップデーのWIN5を振り返ってみます。この日のWIN5で通過率の高いパターンを探してみると、単勝1・4倍のアーモンドアイのいる5レース目のジャパンカップでしょう。単勝1・7倍のコパノキッキングがいる4レース目のオータムリーフS。さらに、3レース目のウェルカムSも上位人気3頭の三つ巴の様相を呈していました。1、2レース目は人気が割れていて通過率の高いパターンに当てはまらないので、ここは全通り購入したと仮定します。

　この場合、仮の購入点数は「16点×14点×3点×2点（2番人気もおさえる）×1点」で1344点買い（13万4400円）。通過率を意識して的中率を弾き出してみると、「100%×100%×60%×60%×60%」で21・6%となります。5回に1回は当たる計算です。そして、この日は通過率の高いレースでの波乱はなくこの買い方で的中。しかも、1レース目で10番人気のミックベンハーが勝ったため、払戻金は約155万円になりました。

　WIN5に13万円強の資金を投じることは難しいですが、5回に1回の割合で的中して、投じた額の10倍以上の払い戻しがあるなら余裕でプラスにもっていけるでしょう。

そして、ここから予想力を発揮して、単勝1・7倍のコパノ
キッキング1頭で十分と判断し、2番人気を押さえるのを止めれ
ば、点数は半分の672点になります。さらに、全通り買っている
最初の2レースでも余計な馬を削っていけばもっと点数をシェイ
プアップすることも可能でしょう。

　アーモンドアイが牝馬三冠を達成した秋華賞の日（2018年10
月14日）のWIN5対象レースも軽く振り返ってみましょう。単
勝1・3倍のアーモンドアイのいる秋華賞以外に、通過率の高そ
うなレースは単勝1・7倍のロシュフォールがいる2レース目の三
年坂特別しかありません。それ以外のレースは法則に当てはま
らないので、点数が増えてしまいますが、全通り買ったことに
します。

　「15点×2点（2番人気もおさえる）×18点×10点×1点」で
5400点買い（54万円）。的中率は「100%×60%×100%×100%
×60%」で36・0%と3回に1回は当たる計算になります。ちなみ
に、この日の配当は約248万円。この日に限っては54万円投じて
も正解だったのですが、ポイントは2レース目にありました。

　というのは、このレースで単勝1・7倍のロシュフォールが2着
に敗れ、2番人気のサンラモンバレーが勝ったからです。単勝1
倍台といっても1・5〜1・9倍の馬の勝率は44・2%と1・4倍以下
の馬と比べるとかなり勝率が落ちるので、1頭に絞るか、2番人
気も押さえるべきかは悩みどころです。ここは2番人気の押さえ
が見事に機能した形なのですが、2番人気をおさえるとした根拠
は1番人気の次に勝率が高く、WIN5対象レースでの勝率が18・
5%なので、1番人気と合わせて買えば通過率が6割を超えるから
です。なので、ここは2番人気にこだわるだけではなく、自分で
予想した自信の穴馬を加えてもいいと考えます。あくまでも足
りない分の通過率を補うことができればいいからです。

●通過率60％超のレースがない場合

　通過率が6割を超えるようなレースは意外と少ないのも事実です。そこで、ハードルを下げて通過率4割以上のパターンも考えてみたいと思います。代表的なパターンは以下の2つです。

> **●通過率が4割を超える2パターン**
> ・単勝オッズ1.5〜1.9倍の馬（1点）
> ・単勝4倍未満の馬と単勝5倍未満の馬の2頭（2点）

　このパターンの馬が走った2019年1月20日のWIN5を見てみましょう。1、2、3、5レース目に単勝1・5〜1・9倍の馬がいるので、そこを1点に絞り、4レース目は1番人気のオッズが4倍台で混戦模様なので全通り買ったとすると、「1点×1点×1点×14点×1点」と14点（1400円）で済みます。しかし、通過率から的中率を計算すると「40％×40％×40％×100％×40％」で2・5％しかなく、50回に1回当たるかどうかとという計算です。結果は4レースまで生存できたのですが、最後のアメリカジョッキークラブCで単勝1・7倍のフィエールマンがクビ差の2着に敗れドボン。的中率が示す通りでそう簡単には当たりません。

　しかも、運よく当たったとしても**1倍台の1番人気が4勝もしているので、配当も安い**。

　そこでちょっと買い方を工夫してみます。

> **●単勝1倍台の馬が3頭しか勝たないパターン**
> 「1点→1点→1点→全通り→全通り」
> 「1点→1点→全通り→全通り→1点」
> 「1点→全通り→1点→全通り→1点」
> 「全通り→1点→1点→全通り→1点」
>
> ※対象4レース目と、単勝1倍台の馬が1頭は負けるという前提

　このように、1倍台の馬といっても4連勝するのは難しいの

で、4頭のうち3頭が勝てばいいというふうに縛りを緩めてみます。この場合、購入点数は616点（6万1600円）に膨れあがりますが、（複雑な計算の末に筆者が弾き出した）的中率は17・9%まで上がるので5、6回に1回的中する計算。こうすればAJCCのフィエールマンが2着に敗れても的中となり、この日の配当の約68万円を手にできることになります。600点以上買っても、5、6回に一回投資額の10倍以上の配当がゲットできるなら、長い目で見ても十分プラスにもっていけるでしょう。

●年間プラスを意識したWIN5の買い方とは?

　ここから徐々に本題に入っていきたいと思います。理論上プラスになるといっても毎回数万円から数十万円の投資はなかなかできるものではありません。**毎週買い続けるとなると、せいぜい5000円（50点）くらいが限界**ではないでしょうか。

　前述の例を参考に、通過率を意識して的中率の高い買い目を組み、そこから予想力を駆使して絞り込んでいくのが資金を大きく投資せずWIN5に立ち向かう現状ではベストの方法です。1回の予算を5000円以内に設定すると年間の投資額は約26万円。的中率3%を意識して買い目を組めば、1年以内に的中する確率は約80%。2年以内だと96%にまでなります。そこで的中時50万以上の配当をゲットできれば長い目でみてプラスになる……はずです。

　2019年2月17日のWIN5を見てみましょう。少し古い例ですが、筆者が実際に的中させることができたケースなのでお付き合いください。対象1、2レース目が、2番人気の単勝オッズが2倍台の2強が拮抗していて通過率が6割を超えるレース。残りの3レースは通過率の高いパターンには当てはまらないので、ここで予想力を発揮しなければなりません。

　5レース目のフェブラリーSは2番人気のゴールドドリームの

単勝オッズが3・0倍なので、多少ルールを緩めて1番人気のインティとこの馬の2頭で通過率が高いレースと考えてもよかったのですが（WIN5の締め切りはレースの締め切りよりもかなり前なので、最終オッズは確認できない。なので、多少の幅を見て判断する必要があります）、インティは初の芝スタートに戸惑い、スムーズに逃げられないと思わぬ取りこぼしがあるかもしれないと思っていたので、3番人気以下の勝利もあるとみて5頭買うことにしました。

　この日の勝負は4レース目の大和Sです。というのは、2月いっぱいで中村均厩舎の解散が決まっており、ヤマニンアンプリメはここがメイチの勝負だと思っていて、頭鉄板と思っていたからです。ここは迷わず1頭です。

　そして、問題は3レース目の小倉大賞典。配当を考えると的中を優先させて人気馬を買うのはナンセンス。**心を強くもって人気薄を買うのがプラスに持っていくための秘訣**だと思っています。というわけで抜擢したのは10番人気のマルターズアポジーです。逃げ先行馬が多数いてハイペースが予想されていましたが、そういうレースに限ってけん制し合ってペースが上がらないことがよくあるので、これまでハナを譲ったことがないマルターズアポジーが思いのほか楽に逃げられると読んだからです。まだまだ点数に余裕があったので、3番人気のスティッフェリオもおさえました。

　というわけで、「2点×2点×2点×1点×5点」という40点で勝負しました。予想力を駆使して買い目を決めたレースの通過率は検証しようがありませんが、筆者の手応えではヤマニンアンプリメが勝つ確率は50%以上あると見ていましたし、小倉大賞典も4回に1回くらいは当たる予想をしたつもりです。フェブラリーSは1〜3番人気を全て買っている時点で通過率は約6割。それに追加で2頭も買っているので、8割近くになっていると思いま

す。

　というわけで、予想される的中率は「60％×60％×25％×50％×80％」で3・6％くらいと推定され、年に一度は当たる計算。あとは、小倉大賞典かフェブラリーSで人気ない馬が勝ってくれれば年間プラス確定ショットを手にすることができるはず。

　しかし、小倉大賞典はマルターズアポジーがまさかの出遅れ。一方、フェブラリーSはインティが好スタートを決めて危なげのない逃げ切り勝ち。とうわけで、年間プラス確定ショットとはならなかったのですが、どうにか的中させることができました。

●2019年2月17日WIN5

通番	京都 10R	東京 10R	小倉 11R	京都 11R	東京 11R	購入金額	払戻単価	東京 11R
01	03,07	01,09	06,12	11	03,06,11,13,14	各100円 計4,000円	－	－
的中	07	01	12	11	06	－	57,540円	57,540円
合計						4,000円		
							払戻	57,540円

　5万円台の安い配当（5万7540円）とはいえ、4000円の投資で10倍以上の払い戻しとなっている。こういう細かい的中を積み重ねていき、資金に余裕ができたら、前述の例にあるような的中率の高い買い目に挑戦する。そうすれば、いつか億を超える配当にまで手が届くかもしれません。

　ちなみに、史上3位となる4億7180万9030円が飛び出した2019年2月27日は、通過率の高いレースは1レース目のすみれSだけ。キャリーオーバーとなった同年3月3日のWIN5で通過率の高いレースは5レース目の弥生賞だけでした（弥生賞で1、2番人気が共倒れになったのがキャリーオーバーになった大きな原因でしょう）。このように**通過率の高いレースが少ない日は、当然ですが波乱になりやすい**ので、通過率を意識することで荒れやすい日なのか、堅そうな日なのかを見極めることができるのではないでしょうか。

●波乱度を左右するレース番組

　通過率の高いレースが少ない日は波乱と書きました。では、レース番組を作っているJRAの意図を読むことで、攻略につなげることができないかということを考察してみましょう。

　WIN5と向き合うとき、ひとつひとつのレースを丹念に予想するのも大事ですが、ちょっと頭を上げて俯瞰で眺めてみることも重要だと思っています。というのは、この日どういう番組が組まれているかによって、なんとなくではありますが、流れが見えることもあるからです。

　JRAが意図的に番組を操作することはあり得ない！　陰謀論だ！といわれてしまいそうですが、JRAも売り上げを上げるために試行錯誤し企業努力を重ねているはずです。実際に、特別レースの頭数が少ない際、平場の頭数の多いレースとレース番号を入れ替えることもあります。暑さ対策として、障害重賞を午前中に持っていく処置が取られましたが、障害戦は重賞でもそれほど売上が立たないというのも移設を決断させた理由だと思っています。

　WIN5最後の5レース目がGⅠレースでしかもイクイノックスのような有力馬がいるときは売り上げが伸びる。こういう日に前の4レースも堅い軸馬のいるレースを並べてしまうと配当の期待ができない。だから馬券ファンの財布のヒモを緩めるために、多頭数になりやすく、波乱の可能性も高いダート戦や芝の短距離戦を置くことも多いのではないでしょうか。**売り上げを最大化してWIN5の面白さが伝わるような番組作り**をしているのは陰謀論とかではなく当たり前の努力。そういうJRAの意図を汲み取って予想に活かすことも戦略のひとつと思うのです。

　筆者の感想をいくら述べても、説得力に欠くので、ここからはデータも交えて説明していきたいと思います。

そうすれば、WIN5の対象レースを見て、その日のシナリオ
を考えるという戦略の有効性も理解していただけるはずです。
WIN5対象レースの1番人気成績をクラス別でみてみると以下の
ようになります。

●WIN5対象レースクラス別1番人気勝率

1勝:30・1%

2勝:31・1%

3勝:30・1%

OPEN非L:30・5%

OPEN(L) :24・7%

GⅢ:23・2%

GⅡ:33・7%

GⅠ:34・1%

　GⅠ、GⅡは順当決着が多い。一方でオープン特別やGⅢは人気
馬の信頼性が低いということが読み取れます。少し範囲を広げ
て1〜3番人気までを見てみると。

●WIN5対象レースクラス別1〜3番人気勝率

1勝:20・1%

2勝:20・7%

3勝:20・2%

OPEN非L:20・7%

OPEN(L) :18・4%

GⅢ:19・0%

GⅡ:22・9%

GⅠ:21・8%

　やはり、GⅠ、GⅡでは人気馬の信頼感が高く、GⅢやオープ
ン特別での人気馬の信頼感が落ちるのが見て取れます。

　GⅡが組まれる日、WIN5の最後の5つめの対象レースがGⅡの場合を考えてみましょう。「阪神大賞典&スプリングS」や「神戸新聞杯&オールカマー」といったように、1日に2鞍組まれることが珍しくありません。古馬の王道路線と3歳のクラシックトライアルという組み合わせがよくあるパターンですが、いずれも次のGⅠを見据えた有力馬が出走することが多く、前述のデータと考え合わせると、力の抜けた馬が出走することが多い。つまり、人気決着になることが予測できます。

　なので、こういう日は**後半2つのGⅡは人気馬を信頼して、前の3レースで配当の押し上げる穴馬を探したほうが得策**と思われます。

　最後がハンデ戦のGⅢが対象となる日は、そこで絞って勝負するのが難しい。そこに至るレースも難解で波乱要素の大きいレースばかりだと、予想が難解過ぎて買い目の収拾がつかなくなり、購入を諦める人も出てくるのでは。それは避けたいので、（JRAの思惑を先回りして推測すると）前のほうに予想のしやすいレースを組んで難易度を調整しているのではないでしょうか。

●勝ち馬の平均人気

最後がGⅠ：WIN1 [3.6]　WIN2 [3.5]　WIN3 [4.1]
　　　　　　WIN4 [3.7]　WIN5 [3.4]

最後がGⅡ：WIN1 [3.1]　WIN2 [3.4]　WIN3 [4.5]
　　　　　　WIN4 [3.6]　WIN5 [3.3]

最後がGⅢ：WIN1 [3.0]　WIN2 [3.4]　WIN3 [3.7]
　　　　　　WIN4 [3.6]　WIN5 [3.6]

　データで見ても、対象レースの最後がGⅢの日は前半の3レースの勝ち馬の平均人気が低く、順当なレースが多いことがわかる。もう少し違う角度からも見てみましょう。

●平均出走頭数

GI：WIN1 [13.2]　WIN2 [13.7]　WIN3 [14.9]
　　　WIN4 [14.7]　WIN5 [16.9]　前4レース平均出走頭数 14.1頭

GII：WIN1 [12.7]　WIN2 [13.6]　WIN3 [15.0]
　　　WIN4 [14.3]　WIN5 [13.7]
前4レース平均出走頭数 13.9頭

GIII：WIN1 [13.5]　WIN2 [13.7]　WIN3 [13.8]
　　　WIN4 [14.1]　WIN5 [15.1]　前4レース平均出走頭数 13.8頭

　前の4レースの平均出走頭数を最後のレースのクラスによって分けてみると、最後にGⅢが組まれている日が一番少ない。もっといえば一番波乱が起きやすく鬼門と言われる3レース目も最後にGⅢが組まれる日は平均出走頭数が少ないということが分かりました。これは筆者には偶然には見えません。売り上げを最大化するために魅力的な番組作りをした結果だと思うのです。
　一方で、最後の5レース目が重賞ではなく、オープン特別や条件戦という日もあります。こういう日もキナ臭い（笑）。ここまでの筆者の主張からすると、何かしらの意図があってのことだと思うのです。そこで、最後の5レース目のクラス別に分けた平均配当を見てみたいと思います。

●クラス別平均払戻金（カッコ内は施行回数）

GI：1792万6002円 （260回）
GII：2037万0983円 （104回）
GIII：1536万8262円 （208回）
OP：3230万4226円 （64回）
条件戦：2428万4712円 （37回）
総計平均：1923万0228円 （673回）

　平均配当を波乱の起きやすさと考えたら、**5レース目に重賞**

以外のレースが組まれた日の平均配当が高いのがわかります。

その次に波乱度が高いのは最後がGⅡの日でちょっと意外ですが、これはこれまで述べて来たように、GⅡ自体は人気馬が強く、しかもそれが2レース組まれることもあるので、その前のレースに波乱になりやすいレースを配置しているからではないでしょうか。一方、最後がGⅢの日は前述の検証からもわかる通り前半に予想の簡単なレースを配置することが多いので結果的に配当が跳ねないのかもしれません。

こういうデータを元に番組を眺めていけば、どこが堅くてどこが荒れそうか目星をつけることができるのではないでしょうか。

似たような観点で、ハンデ戦が多く組まれると荒れやすいのかもしれないので、ハンデ戦が組まれた数と平均配当の関係も調べてみました。

●ハンデ戦回数別平均払戻金

0鞍:1973万8047円（0回）
1鞍:1855万8862円（1回）
2鞍:2073万4336円（4回）
3鞍:1733万0066円（2回）
4鞍:581万1183円（0回）　※カッコ内はキャリーオーバー回数

ハンデ戦のほうが荒れやすいのかもしれないですが、ハンデ戦の数が多ければいいというものではなさそうです。

意外にもWIN5対象レースのうちハンデ戦が4鞍組まれた場合は平均配当も581万円と一番安いものになってしまいました。ハンデ戦が組まれていないときは、キャリーオーバーは過去にありません。もっとも、キャリーオーバーなんて滅多に出現しませんが、一応の参考にしましょう。

次に、WIN5対象5レースにおける1番人気の平均オッズ別の払戻金を見てみましょう。

　さすがに、こちらは5レースの1番人気の平均オッズが低いほど配当が低くなる傾向が見え、堅い決着なりやすい。当然といえば当然なのですが、予想をする際、気に留めることで目指すべきゴールのイメージが掴みやすくなるでしょうか。

　というわけで、いろいろと見てきましたが、5レースの番組の組み方を俯瞰でみることで見えてくることもあるし、それをもっと掘り下げて堅いか荒れそうなのも推測できる。このようにその日のWIN5のシナリオを自分なりに考えてみることも的中への近道になるかもしれません。

●WIN5にリスクヘッジは存在する!?

　この項目ではWIN5の隠れたテクニックとして、以下の2点について語ることにします。それは単勝リスクヘッジ、総流し（全通り）の難しさについてです。この項目は、これからWIN5に挑戦したいと思っている方に向けて書いているので、腕利きの方は読み飛ばしていただいて構いません。

1、単勝リスクヘッジという考え方

　改めて説明するまでもありませんが、限りある資金でWIN5の大的中を狙うのは難しい。なので、少しでも的中難易度を下げたいのは誰しも同じでしょう。例えば、WIN5の次に難しい3連単と比較すると、16頭立ての3連単の組み合わせは16×15

×14=3360通りで、16頭立て、15頭立て、14頭立ての3レースのWIN3を的中させるのと難易度的には同じくらいではないでしょうか。WIN5は、ここからさらにあと2レース的中させなければならない。単純に数字で表せるものではないでしょうが、残り2レースが16頭立てだとすると16×16=256通りで、これが掛け算でのしかかってくるので、**3連単の256倍も難しい**といっても言い過ぎではないはずです。

　ここで、5レース目の予想を放棄して、WIN4として考えるという作戦を提案します。それでもまだ3連単よりは難しいですが、精神的な的中難易度をかなり下げることができる。

　どのようなときに5レース目の予想を放棄できるのか。代表的なのは、最後の5レース目にGⅠが組まれた日で圧倒的人気の馬がいるケースです。23年春だとオークスのリバティアイランドや宝塚記念のイクイノックスの日が該当します。

　言葉で説明しようとすると、ややこしくなってしまいますが、お付き合いください。こんなのすでに知っているというかたは読み飛ばしていただいて構いません。

　オークスのリバティアイランドの単勝は1・4倍、宝塚記念のイクイノックスは1・3倍でした。ここで、リバティアイランド以外の単勝をすべて購入した場合を考えます。この場合、合成オッズは1・75倍となり、リバティアイランドの単勝よりも高いのです。イクイノックスの場合は1・99倍と2倍近くになる。
まとめてみましょう。

・リバティアイランドが勝つ　→　単勝1・3倍

・リバティアイランドが負ける

　　→　その他の馬の単勝の合成オッズ1・75倍

・イクイノックスが勝つ　→　単勝1・4倍

・イクイノックスが負ける

　　→　その他の馬の単勝の合成オッズ1・99倍

「合成オッズ」とは、複数の買い目を合成して算出したオッズのこと。5頭の単勝をどの目が当たっても同じ払い戻しが受けられるように購入し、的中した場合に投資金が2倍になる場合、オッズ2倍の馬券を当てたのと同じなので、合成オッズ2倍といいます。このように複数の買い目を購入した場合に、的中時に平均してどれくらい戻ってくるのかオッズの形式で表したものです。そして、同じ払い戻しになるように資金を配分して投じれば、合成オッズと同じくらいの払い戻しを受けることができます。

これは、実際にシミュレーションした結果。リバティアイランドが負けてそれ以外の馬が勝った場合に1000万円を投資して当たれば、約1746万円（約1・746倍）の払い戻しになる。投資額が合成オッズの倍率と同程度増えることがわかります。

●リバティアイランドの負けに賭けた場合

	オッズ	金額	仮想払戻
1	47.2	370100	17468720
2	61.9	282200	17468180
3	133.8	130600	17474280
4	216.0	80900	17474400
6	17.6	992500	17468000
7	76.8	227500	17472000
8	372.8	46900	17484320
9	10.6	1648000	17468800
10	18.9	924200	17467380
11	44.3	394300	17467490
12	8.8	1984200	17467120
13	103.4	168900	17464260
14	26.8	651800	17468240
15	71.9	243000	17471700
16	21.6	808700	17467920
17	24.4	715900	17467960
18	53.0	329600	17468800

リバティアイランド以外の単勝に1000万円を配分

とはいえ、リバティアイランドが2着以下に負けるのに、なかなか1000万円を投じることは難しい。

ただ、こういうケースならどうでしょうか？　リバティアイランドが絶対に勝つと思っていて、単勝を買う代わりに、WIN5で5レース目をリバティアイランドの1頭に絞って勝負しリーチが懸かったというケースです。

　この日のWIN5は波乱模様で、4レース終わった時点で残っている票数は21票しかありません。もし、この残った表がすべてリバティアイランドに投じられていたとしても、当たったときの払い戻しは2000万を超えます。というわけで、この時点でリバティアイランドが勝てば2000万以上の払い戻し。万が一負けてしまうと、払い戻しはゼロという状況です。

　そこで、先ほどの合成オッズの考え方を利用して、リバティアイランド以外の単勝全部を1000万円分購入したと仮定しましょう。オッズが変動しないならば、746万円のプラスになる。まとめると以下の図式が成り立ちます。

・リバティアイランドが勝つ

**　→ WIN5的中!2000万以上の払い戻し**

・リバティアイランドが負ける

**　→ その他の単勝が当たり、746万円のプラス**

　どういう結果になろうとも、プラスの結果が待っている。**WIN5で購入していない馬の単勝をおさえることでリスクヘッジができる**のです。計算を簡単にするためにキリのいい1000万円という数字にしましたが、リクスヘッジの単勝をいくら買うかは自由です。とはいえ、どういう状況になっても的中しプラスになることを説明したくて、やや大げさな金額で説明しています。

　リバティアイランドの勝利に絶対の自信があったと仮定して、この日WIN5で全→全→全→全→リバティアイランドを勝ったとすると約500万円の投資になります。

　リーチが懸かった時点で、リバティアイランドが勝つ、すなわち当たれば2000万以上の払い戻しは約束されているので、そのうちの半分を単勝のリスクヘッジに使ったとします。投資はWIN5と単勝リスクヘッジで儲けは目減りしますが、不利やアクシデントでリバティアイランドが負けることがあっても大き

なプラスを手にできるわけです。

　もういちど整理してみましょう。投資額はWIN5での500万とリスクヘッジの単勝購入分の1000万円を合わせた1500万円になります。

・投資1500万円&リバティアイランドが勝つ →
**　WIN5的中2000万以上の払い戻しで500万円以上のプラス**
・投資1500万円&リバティアイランドが負ける →
**　その他の単勝が当たり、1746万円の払い戻しで246万円のプラス**

　というわけで、リバティアイランドが勝てばWIN5が的中するし、運悪く負けたとしても単勝リスクヘッジで投資分を回収するだけではなく、プラスにもできる。

　ちなみに、結果はリバティアイランドが勝って4200万円を超えるWIN5の配当になりました。

　これはあくまでも架空の話ではありますが、圧倒的な人気馬が5レース目にいる場合は、予想しないで人気馬だけを買うという戦略については理解していただけたのではないでしょうか。単勝リスクヘッジを知っていれば、本来最もプレッシャーのかかる5レース目の予想を省力化できるのです。

　ただ、この戦略を使うにはいくつかの注意点もあります。
①4レース目が終わった時点での残り票数（想定配当）に注意！
②単勝リスクヘッジをするには、リーチが懸かってから5レース目が発走するまでの、わずかな時間しかない！
③単勝1倍台前半の圧倒的人気馬以外では効果がない！（その他の単勝の合成オッズが1倍を超えることが最低条件）
④複数頭買った場合、残りの馬の単勝の合成オッズが1・5倍以上あればリスクヘッジ可能

　イクイノックスが勝った宝塚記念の日もこの戦略を使うことができますが、効果はあまりなかった。

　というのも、この日は順当に人気馬が勝つケースが多く、4

レースが終わって残り票数は8398票もありました。この残り票数の大半がイクイノックスに投じられたものだと思われるからです。すべてがイクイノックスに投じられたものだとすると、想定される配当は約7万円。なので、単勝リスクヘッジすることもできますが、10万円もリクスヘッジに投じたら、WIN5が当たっても損をするという事態になりかねません。なので、残り票数からどれくらいの配当になりそうな予測し、そのうえでいくら投じるのか判断しなければならないからです。

　しかも、4レース目と5レース目の発走間隔は10分で、4レース目が走り終わって確定したあとは、5レース目の締め切りまで、体感だと1、2分しかありません。その間に想定配当を算出し残りの単勝にいくらいれるか決めなければならない。そういう難しさもあるということはあらかじめ知っておいて欲しいと思います。

　あと、残りの馬の単勝の合成オッズは1倍以上じゃないと、この作戦は使えません。最低でも1・5倍以上ないと、リスクヘッジの効果が薄くなるという点に注意が必要です。また、リバティアイランドやイクイノックスといった圧倒的な人気馬がいないケースでも、単勝リスクヘッジは活用できるケースがあります。例えば、1〜4番人気までの4頭を買ってリーチが懸かり、5番人気以下の単勝の合成オッズが1以上なら条件は満たすからです。このように、5レース目の予想は何を買うかと同じくらい、買わなかった馬の単勝の合成オッズを意識すべきで、それを上手く使えば、リーチが懸かって外れたとしても単勝リスクヘッジでWIN5の投資分くらいは回収できるからです。もっとも、単勝リスクヘッジはあくまでもWIN5を元にした応用編。WIN5でリーチが懸ってハズれた際に、せめて他の馬の単勝をケアすることで、WIN5投資分程度は戻ってくることを考えたものに過ぎません。

●波乱レースの総流しは勇気が必要

　WIN5で高額配当を当てられた方の買い目を見てみると、波乱の起きたレースで総流しや多点買いをされているのをよく目にします。**荒れそうで難解なレースを総流しで乗り切る**というのも有効な戦略のひとつでしょう。

　ただ、的中された方の買い目は成功者バイアスというか生存者バイアスで、そこで上手くいったから的中にたどり着いたのであって、真似して取り入れるのは難しいと思っています。

　かなりリスクの高い戦略だと思うからです。例えるなら、肉を切らせて骨を断つ総力戦といった趣きがあります。

　総流しをすれば、そのレースでドボンする確率はゼロで確実に通過できます。ただ、同時に（16頭立てとしたら）買い目の16分の15がハズレとなり戦力が一気に低下します。1点通過なら被害はゼロで全買い目が生き残ることを考えれば、**総流し敢行する場合はリスクを覚悟して実行**しなければなりません。そこまでの被害を覚悟して人気薄の激走を拾えたら儲けものですが、半分以上のレースで1〜3番人気が勝つようになっているので、人気馬に勝たれてしまうことがほとんど。そんなレースで1番人気に勝たれたら、通過できたとしても残りの戦力に不安が残る。しかも、配当的な期待も減少してしまいます。荒れそうなレースを総流する戦略もアリなのは否定しませんが、かなりリスクの高い戦略ということは頭に入れておきたい。正直、筆者は上手く使いこなせていません。それが筆者だけの問題なのかはさておき、総流しをして単勝万馬券馬が勝つレースに遭遇するのは簡単ではありません。

3章 〜我、WIN5と斯く戦えり!〜

WIN5発売当初からの歴史を振り返る

「WIN5実践編」

・実践では穴馬を拾い辛い理由
・数千万級の馬券が次々にハズレて絶句!
・単勝に大勝負ならWIN5に賭けろ!!

WIN5実践編

筆者が考えるWIN5像を述べたところで、実例を持って理論をさらに補強、説明を加えていくとにする。一部には古い例も混じっているが、筆者の当時の考え方が詰まっており、その変遷も含めて読み進めて欲しい。

少額でも買い続けることに意味がある!

●待望のWIN5スタート（黎明期編）！

　この章では、これまで筆者がWIN5とどのように向き合い戦ってきたかを振り返ってみたいと思います。当時連載していた雑誌や自分のSNS、そしてネタ集めのために記していたメモがベースです。データも当時のままになっている部分もあります。それは、WIN5が発売して間もない頃は過去データが存在しないので、すべて推測しなければなりませんでした。そういう状況で戦略を立てて、どういう結果になったのかを見ていただくのもヒントになる。なので、完全に的外れなことを主張している場合も多々あると思います。時間が経ってデータも増え、傾向も見えてきたことでWIN5という馬券に対する主張が変わってきている部分もあることでしょう。そういう変遷も含めて見ていただくことで、反面教師として使える部分もあるかもしれません。逆に一貫して同じ主張をしている部分があれ

ば、それは普遍的な法則と言うことができると思います。思い返せば2011年は年明けから100万馬券が4本も引っ掛かって、ヒノ馬券史上最高のペースでプラスを伸ばすことができていました。そして、待ちに待った4月24日が来れば、さらにペースアップできるに違いない。というのは、これまでは大当たりしたといっても、せいぜい1レース辺りの払い戻しは100万円がいいところ。それが、これからは1000万円、いや億超えまであるかもしれないと当時は思っていました。もちろん、すでに述べてきたとおり、億超えを狙うのは難しいのは百も承知しています。だからといって、宝くじで億の金を得るよりは、WIN5の方がはるかにチャンスもある。2011年は、それほど期待していたWIN5が登場。しかし、始まってみると思うような成果を残せず。こんなことだったらWIN5が発売された5月以降も3連単オンリーで勝負していればよかったと弱音を吐いてしまうくらい上手くいきませんでした。

　しかし、既に当時から3連単のオッズもどんどん渋くなっていて、いわゆる妙味ある美味しいオッズゾーンがどんどん減少していることに直面。堅いか大荒れかといった"オッズの2極化"はドンドン進行していく。だから、堅い馬券をコツコツ当てるより、荒れて配当が跳ねたときに仕留めることが有効であると説いてきましたし、3連単の攻略もどんどん難しくなることは必定でその通りになりつつあります。そして一発の破壊力が3連単と比べてもケタ違いの**WIN5は、3連単以上の可能性を秘めている**はず。そう簡単に諦めるわけにはいきません。

　この当時、どういった考え方で筆者がWIN5に臨んでいたかをおさらいしたいと思います。

●実践をする上での2つの注意点

　まず、筆者がWIN5で陥りやすい落とし穴として注意してい

るのは以下の2点です。

●まずは直面する2つの壁
・人気馬ばかりの組み合わせになりがち。
・（買い目が膨大になるので）穴馬に手が伸びない。

　滅多に当たらない馬券ということ、どうしても投資金額が膨らみがちなのでハズせないという意識が強くなりすぎ、ついつい人気馬に頼りたくなります。しかし、滅多に当たらないゆえ、当たったときに大きく回収しなければならないのに、運よく当たったとしても、人気馬を中心に買っていると期待したほどの配当が得られません。しかも人気馬だけで決まるケースというのは実際のところそれほど多くはないのです。

　例えば、毎回全レース1〜3番人気を買い続けた場合を考えてみます（3の5乗で243点買い）。1〜3番人気の勝率は約64%（2011年1月1日から12月4日まで）もありますが。5連勝するとなるとその確率は1割程度。しかも実際の結果と照らし合わせるともっと酷い有様です。というのは、12月4日までWIN5は34回開催されましたが、5レースとも1〜3番人気で決まったのは7月3日の1万9680円と11月6日の1万3720円の2回だけ。回収率はたった4%で、82万の投資に対し3万3000円の払い戻ししかないからです。しかも、その243点買いをした場合、1レースだけハズレのWIN4状態という日が14回もありました。だから、あとちょっとで的中だったと思い、落とし穴にハマっていることに気づきにくいという点も気をつけるべきと思います。

　人気馬同士だけで5レースは決まらないといっても、人気馬を買った上に穴馬もフォローするとなると買い目が膨らみ的中する前に資金のパンクを招いてしまう。

　これを避けるために、2章でも触れましたが**「自信の本命がいるレース」**や**「堅いと読み切ったレース」**は極限まで絞って、

「自信がないレース」「荒れそうなレース」「展開が読めない
レース」は手広く買う。WIN5はダイエットと同じで、とにか
く点数を絞り込みたいわけですが、だからといって痩せすぎて
ガリガリになってしまうと魅力が半減してしまうし、落とし穴
から逃れられなくなってしまうということに改めて気付きまし
た。つくべき所に肉がついて、クビレもちゃんとある「ボン、
キュッ、ボン」という理想のプロポーションに近付けることが
重要なのです。

　ただ目指すべき方向が決まっても、それでもまだ砂浜に落ち
ている一粒のダイヤモンドを見つけるようなもの。そう簡単に
的中できるものではありません。だから自分の頭の中を整理し
て、宝が眠っていそうな場所を明確にすることが的中への近道
だと思います。

●開始当初は苦戦覚悟も……

　ここからは、どのようにWIN5を買ったか振り返って行きま
しょう。

●2011年6月19日 配当29万7610円

　最初は恥ずかしながら、私のWIN5初的中となった2011年6月
19日です。この日はクラス替えが行なわれて最初の週というこ
ともあり、条件戦は降級馬が猛威を奮う時期です。ある意味、
降級戦があった際の夏場は、それを利用できることもありまし
た。ただ、現在では降級戦がなくなってもそこまでWIN5に影
響を与えていないようです。

　当時の1000万クラス（現2勝クラス）の阪神10Rと中山10Rは
人気に逆らっても意味がないと思い素直に人気馬を買いまし
た。降級馬といっても2、3番人気が勝利してくれれば、少しは
配当が良くなるかもと思って複数買いましたが、結局どちらも
被った1番人気馬が完勝。

しかし、この日の勝負はここからです。というのは、最初の2レースはある程度人気馬が勝つことを織り込んでいたので、クラス替えが関係ない残り3レースのオープン条件でどれだけ穴馬を引っかけるかにかかっていると踏んでいたからです。そこで、残り3レースは1番人気をすべて蹴飛ばしました。これ以上1番人気に勝たれても配当は安くなるだけだし、続けて勝つ確率もそう高くはないと思ったからです。

　函館メインの五稜郭Sは5番人気のホッカイカンティが勝利。これは函館開幕週に「北海道の帝王」の藤田伸二騎手（当時）が騎乗していたので簡単におさえることができました。

　次は、重賞のマーメイドS。牝馬限定のハンデ重賞と難解な一戦です。もっとも期待を寄せた馬は川須騎手が騎乗した12番人気のモーニングフェイス。もうこの時期には川須騎手が売り出し中になることは確定的でしたが、まだまだ世間的には知名度が低かったので全く人気がなかったからです。51キロの軽ハンデと「積極性」をいかんなく発揮してくれると期待しました。レースは、川須騎手が積極的に2番手で競馬を進め、直線に向くと一気に後続を突き放し先頭に躍り出ました。これが残れば高配当は間違いなし。目を「¥マーク」にしながら「そのまま!」と叫びましたが、少し仕掛けが早かったようで5着。しかし、勝った2番人気のフミノイマージンもおさえていたので、人生で初めてのリーチまでたどり着きました。

　最後のバーデンバーデンCで狙ったのは、2番人気のケイアイアストン、4番人気のダイマックワン、7番人気のシンボリグラン、8番人気のエーブダッチマンの4頭。「少しでも人気のない馬来てくれ～!」と祈りましたが、もっとも人気薄のエーブダッチマンが抜け出したところを、もっとも人気を集めたケイアイアストンが差し切って、一番安い配当で的中。当たったことは素直に嬉しいのですが、日頃の行いが良くないのかもしれませ

ん（涙）。ただ、配当は30万弱なので、悪くはないのかもしれませんが、投資していた額も大きかった時代なので、安めを引いた気持ち一杯でした。

●2011年6月19日WIN5

通番	阪神 10R	中山 10R	函館 11R	阪神 11R	中山 11R	購入金額	払戻単価	払戻／返還金額
01	03,08	01,02,04,09	01,02,03,07	07,08,09,11	09	各 100円 計12,800円	−	−
02	02	01,02,04,09	01,02,03,07	07,08,09,11	04,08,09,12	各 100円 計25,600円	−	−
的中	02	04	03	08	08		297,610円	297,610円
03	03,08	01,02,04,09	01	07,08,09,11	04,08,09,12	各 100円 計12,800円		
合計						51,200円		
							払戻	297,610円

5万円超の投資となったが約30万円の払い戻しなら…。

●2011年7月3日 配当1万9680円

　キャリーオーバー発生中ということに踊らされて普段より多めに買って大失敗した例です。キャリーオーバーの発生により繰越金の上乗せが期待できます。しかも、結果次第では億の可能性も……と思って、約10万円購入し的中できたものの払い戻しは1万9680円でした（涙）。ただ、WIN5は人気サイドの配当に妙味が全くないので、絞って勝負するのではなく、人気馬の取りこぼしをカバーしながら（むしろそっちに期待して）買い目を組むべきなのは間違いないと思っています。単勝1・5倍以下の馬でも勝率は約5割。2・0〜3・0倍の馬の勝率は約3割なので、ヤングアットハート、カレンチャン、リディルといった圧倒的人気馬でも、3連勝するとなるとその確率は1割未満というのが計算できます。今回はそういうレアケースを引いてしまったと割り切るしかありません。

　キャリーオーバーだからといって、投資金額を増やすのではなく、対象5レースの番組をよく把握した方がいいと思った次第です。キャリオーバー直後の開催とあって、ガンガン購入してしまいましたが、資金コントロール（いくら購入するか）は改めて重要なことだと思い直しました。

●2011年7月3日WIN5

通番	京都 10R	中山 10R	函館 11R	京都 11R	中山 11R	購入金額	払戻単価	払戻／返還金額
01	05,07,08,13	04,05	01	04,07,08,09,10	02,04,06,07,10,13	各 100円 計24,000円	ー	
02	05,07,08,13	04,05	02,03,11	04,07,10	02,04,06,07,10,13	各 100円 計43,200円	ー	
03	01,02,04,06,09,14	04,05	01	04,07,10	02,04,06,07,10,13	各 100円 計21,600円	ー	
04	01,02,04,06,09,14	04,05	02,03,11	04,07,10	10	各 100円 計10,800円	ー	
的中	02	05	02	07	10	ー	19,680円	19,680円
05	07,08	04	01,02	04,07,10	06,10	各 200円 計4,800円	ー	
合計						104,400円		
							払戻	19,680円

人気馬同士の組み合わせはカットする勇気も必要

●2011年8月28日 配当27万7890円

　3度目の的中となったのが8月28日。常に「ボン、キュッ、ボン」という理想のプロポーションを意識して買うのですが、1点に絞るほどの勇気がなかなか持てません。筆者がまだ未熟なだけで、断じてぽっちゃり好きだからではありません（ちなみに好きなタレントは渡辺直美です）。というわけで、この日の狙いは、新潟外回りの2レースでどの馬が勝つのか読み切れなかったので、そこを手広く買って、他をできるだけ絞る作戦で行きました。

　まず小倉は、大活躍中の川田騎手と浜中騎手狙いで行けそうだけど、1番人気も怖いということで、ここから絞り込む手が止まりました。札幌のキーンランドCもカレンチャンとジョーカプチーノの2頭まで絞ったのですが、そこから難航。人気のないジョーカプチーノを買いたかったのですが、鞍上が「気配り系」で勝負強さを感じない福永騎手だったので心中するのが怖かったからです。一方のカレンチャンの鞍上は「決め打ち系」で滅法勝負強い池添騎手。いろいろ悩んだ結果、小倉10レースのハードダダンダン（2番人気・川田騎手）しか絞れませんでした。

　とはいえ、この日は危なげなく的中。またも配当は控えめですが、少しずつコツがつかめてきたような気がしてきました。

しかし、この後ピタリと的中がなくなってしまいました。でも、だんだんと大きな配当にもカスるようになっており、日の目を見る日が来ることを信じて前進あるのみです。

●2011年8月28日WIN5

通番	小倉 10R	新潟 10R	札幌 11R	小倉 11R	新潟 11R	購入金額	払戻単価	払戻／返還金額
01	03,05	01,02,03,04,06,13	08,15	03,08,10	02,03,05,06,07	各 100円 計36,000円	－	－
的中	03	03	08	10	05	－	277,890円	277,890円
合計						36,000円		
							払戻	277,890円

ここから急激にパッと当たらなくなってしまう……

●361万を手にしたと思ったら……。

●2011年11月27日 配当361万780円

　これまでもっとも熱かった日です。最近（当時）は、ひとつのフォーメーションで点数を絞り込むのではなくて、自分の狙い馬が3勝以上すれば当たりといった縛りを設けて、それに合うように、フォーメーションを複数買うパターンなども試しています。これが後ほど説明する人気和で目を絞る方法にも関係することになりますが、まずは当時の方法をご覧ください。

　この日のWIN5はフォーメーションを複数に分けて全部で160点ほど購入しました。1発目の白菊賞は、圧倒的1番人気のシャンボールフィズに期待。これまでなら「1戦1勝で底を見せていないとはいえ、クラスが上がって通用する根拠がない」といって真っ先に疑っていたはず。3連系の馬券ならこうした馬を嫌うという習性が身についていますので……。しかし、人気馬に勝たれてドボンするケースが多発したため、自信の持てないレースは人気馬を信用することにしました。なのに、シャンボールフィズは全くいいところなく4着で、勝ったのは3番人気のラシンティランテ。複数買ったフォーメーションで拾っていたのですが、生き残った目は160点購入したうちの8点のみ。自己嫌悪に陥ると同時に、この日のWIN5もあっけなく終了。残った8点

の内訳は「1×1×1×8」。当日のメインレースだったジャパンCで何が勝つかわからなかったのでたくさん抑えたのですが、他の3レースでは狙い馬が勝つしかない。さすがに通過は無理だろうと思っていました。それでも、次のレースは2番人気のアドマイヤセプターをズバリ指名し通過。その次のレースも強気に指名した5番人気のアキノグローブが差し切って、またまた通過！　対象1レース目が終了した時点で、たかだか8点しか残らず、ハズレたと思っていたWIN5ですが、急にドキドキしてきました。さすがに8頭持っているジャパンCは当たりそうだから、次も通過すれば当選確実。しかも、ここまですべて1番人気沈んでいて配当も跳ねそうなので期待度もアップします。そして次（対象4レース目）に指名したのは5番人気のデスペラードでした。

　レースはデスペラードが向こう正面でマクって、4角で先頭に並びかける。逃げていた1番人気のエンリルは、もう手応えが怪しい。内でしぶとく粘っていたのはナリタシルクロードでしたが12番人気の馬。力はデスペラードのほうが上のはず。期待通り2頭を交わし、あとはゴールに飛び込むだけ!!!　つ、ついに来たんじゃないの〜〜〜!!!!!　と思ったところで、目の前を猛スピードで交わしていった馬が1頭。興奮しすぎて津村騎手のグランドシチーが来ていたことに全く気がつきませんでした。目の前が真っ暗になり一気に絶望の淵へと落とされます。それでも、WIN5で縛りを作って、1枚のフォーメーションにまとめず、複数のパターンを練る作戦はアリという手応えを掴みました。

●2011年12月4日　配当4429万7190円

　この日は、ジャパンCD（現チャンピオンズC）と小倉メインの下関Sは堅いと読み、難解な前半の3レースが勝負と読みました。そして、最初の市川Sで思い切った作戦を実行。1番

人気のキングレオポルド、2番人気のエーシンヒットマン、3番
人気のアラマサローズを全て消したのです。というのは、開幕
週の中山1200mにしては逃げ馬が見当たらなかったので、逃げ
切りが決まると感じたのですが、1〜3番人気馬による逃げ切り
はないと読んだからです。そこで白羽の矢を立てたのが柴田大
騎手のダイワナイト。この年、崖っぷちから見事に復活。自分
には失うものがないという感じで強気の騎乗が目立つので、逃
げの手に出る可能性が高いと思ったからです。もう一頭、「積
極的」な後藤騎手のダノンブライアン。やはり、逃げ馬不在を
読んでの逃げがあるとみたからです。ただ、2人とも同時に前
に行く気を見せちゃうと今度はどちらも引きそうにないので、
展開が壊れることも否定できない。ズブズブになったときのた
めに内枠の差しでアイアムマリリンもおさえました。レースは
柴田大騎手の単騎逃げになり、読み通り逃げ切り勝ちを収めま
す。

　次のゴールデンブーツTも通過し、（しかも小倉メインと
ジャパンCDは堅そうだから）その次のターコイズSが、この週
の大きなヤマ場とみていたのですが、ここでも柴田大騎手が15
番人気で勝利。さすがに手が伸びずドボンとなってしまいまし
た。**WIN5では、勢いのある騎手が連勝することがよくある**の
で、今後はその辺りにも注意すべきと思い知らされました。

●初の大型的中に沸く!

　WIN5の登場以降、毎週チャレンジしながら大きな配当を手
にできずにいたのですが、苦節（?）1年半にして、ようやく
"らしい"配当を的中できました。2012年11月4日。そしてモニ
ターに映し出された配当は587万3100円!
「辞めなくてよかった!　諦めなくてよかった!」と感慨にふけっ
た瞬間でした。

的中の瞬間を振り返る前に、皆さんのWIN5的中への足掛かりになればということで、2012年に筆者がどのような戦略を持って、WIN5と格闘してきたのかを振り返ってもみることにします。そうすることでWIN5を購入する際のポイントなどが整理されるはず。とはいえ、この当時の筆者はWIN5に関してはまだまだ手探り状態。他人に指南できるようなノウハウとは言い難いものの、当時の記録が参考になることもあると思いますので、お付き合いください。

　まず、当時の筆者がWIN5で日頃感じていることをデータで確認してみました。

ひとつ目は「調子のいい騎手に乗るのはアリか!?」

　WIN5対象レースを観戦していていつも気になるのは、連勝する騎手がしょっちゅう現れるなぁ〜ということです。例えば2012年8月5日は、浜中騎手が小倉10Rをマイネルバイカ（2番人気）で制し、次の小倉11R小倉記念もエクスペディション（3番人気）で制し、連勝を決めました。同年7月15日は、田中勝騎手が新潟10R（サマーソング・2番人気）、11R（レインスティック・9番人気）と連勝し、7月8日は、内田博騎手が福島10R（イジゲン・1番人気）、11R（アスカクリチャン・14番人気）と連勝を決めています。たまたまなのかも知れませんが、もし有効な戦術なら、点数を一気に減らせるし、的中に一気に近づけるキラー戦術になる可能性もあるからです。しかも、連勝したときの片方は人気薄ということも多いので、穴馬を釣り上げることにもつながりそう。

　これまで行われた87回中16回（※この章のデータは2012年12月2日現在のものです。以下同）で連勝する騎手が出現しており、その確率は約18・4％。ただ、2連勝する騎手が出現する確率がわからないと、それが多いのか、少ないのか判断できません。しかし、騎手の勝率は人それぞれだし、2レース以上に騎乗

する騎手が何人いるのかも日によってまちまちでしょう。どんな条件下で確率を弾けばいいのかが、はっきりしないのです。

　勝率15%の騎手が2連勝する確率は2・25%。ざっくりと2レースに騎乗する騎手が10人いたと仮定すると、連勝する騎手が現れる確率は22・5%。勝率15%というのは一流ジョッキーなので、勝率10%で計算し直すと、連勝ジョッキー出現率は10%程度。こう見ていくと極端に多いということもないような気がしてきます。

　ただ、迷ったときに背中を押してもらうための"おまじない"にはなるのではないでしょうか。事前に把握することはできませんが、連続騎乗しているジョッキーの馬が勝てると思ったら次のレースでも買い目に入れておきましょう。

　続いては**「単勝オッズ20〜40倍の穴が出ない」**ことについてです。

　ただ単に自分が当たらないからそう思うだけかもしれません。予想の精度の問題という可能性はありますが、高配当の使者として、よく買い目に組み込む単勝20〜40倍の馬が上手くハマった記憶がない。荒れるときはオーソドックスな予想では到底拾えないようなとんでもない穴が出る印象。

　例えば、2012年11月25日のキャピタルS。荒れると思ったので穴馬を狙おうと思い9番人気・単勝20・1倍のブライトラインに白羽の矢を立てたのですが、勝ったのは18番人気・単勝397・4倍のヤマニンウイスカー。荒れたのは読み通りでしたが、筆者には、どこをどうみても買えない馬でした。

　そこで、単勝オッズ別の出現率を調べてみました。

　単勝オッズは直前に大きく変動することも最近は少なくないので、あくまで参考データとしてご覧いただければと思います。WIN5開始当初の10年以上前とは状況が違っている部分もあるのは間違いありませんが、興味深いデータになっています。

●WIN5対象レース（全87回）単勝オッズ別の出現率

1・0倍〜1・9倍：8・5%

2・0倍〜4・9倍：41・4%

5・0倍〜9・9倍：24・6%

10・0倍〜19・9倍：16・3%

20・0倍〜49・9倍：5・8%

50・0倍〜99・9倍：2・3%

100倍以上〜：1・1%

●11〜12年全レース単勝オッズ別の出現率

1・0倍〜1・9倍：10・8%

2・0倍〜4・9倍：39・8%

5・0倍〜9・9倍：24・4%

10・0倍〜19・9倍：14・7%

20・0倍〜49・9倍：7・3%

50・0倍〜99・9倍：2・1%

100倍以上〜：0・8%

　単勝オッズが「20・0倍〜49・9倍」の出現率は5・8%もあり
ました。やはり筆者の体感や印象による部分が大きく出現率が
低いと考えていたようです。ただ、全レースでの出現率は7・
3%なので、WIN5対象レースでは、この辺のオッズの穴馬が出
にくいということはいえそうです。

　勝率で比較してみると以下のとおりでした。

・WIN5対象レースでの単勝オッズ「20・0倍〜49・9倍」の勝
率：1・8%

・11〜12年全レースでの単勝オッズ「20・0倍〜49・9倍」の勝
率：2・6%

　やはり、WIN5対象レースのほうの勝率が低い。これなら、

筆者の印象も的外れではないといえるのではないでしょうか。一方で単勝50倍を超える大穴は出現率が若干高い。荒れると感じて穴馬を狙うときは、思い切った大穴を狙ってみるのがいいのかもしれません。

　3点目は**「単勝1倍台の大本命馬は信用できるか」**についてです。既に一応の結論は出ているのですが、当時は次のように考えていました。

　先ほどのデータを調べて気がついたのは単勝1倍台の馬の出現率の差です。1割強出現するはずの1倍台の馬が、WIN5対象レースでは8・5%しか勝っていない。これには目を奪われました。1倍台の人気馬がいるレースでは、点数を減らすために1点勝負を挑むことも多いと思うのですが、それは間違っていたかもしれないからです。筆者も安易に人気馬を盲信して何度も痛い目にあっているのですが、実はここに落とし穴が仕組まれていたのかも知れません。

　単勝1倍台の勝率を比較してみましょう。
・WIN5対象レースでの単勝オッズ「1・0倍～1・9倍」の勝率：45・7%
・11～12年全レースでの単勝オッズ「1・0倍～1・9倍」の勝率：48・1%

　若干ですが、WIN5対象レースの勝率が低い。これが、出現率に影響していると思われます。また、1番人気自体が不振かもしれないので、1番人気馬の勝率を比較します。
・WIN5象レースでの1番人気の勝率：32・9%
・11～12年全レースでの1番人気の勝率：31・6%

　すると、1番人気で括るとWIN5対象レースでの方が信頼度も高くなります。**WIN5は1番人気の取捨が大きなウェイトを占める**馬券ですが、1番人気を信頼するなら1倍台の圧倒的人気の馬ではなくて、2～3倍くらいの1番人気を選んだほうが、リスクが少ないように思えてきます。2章でも記しましたが、この辺りは現状と若干異なることを思っていました。今は通過率を意識

するということにたどり着いており、単純な出現率で取捨選択できるものではないという結論になっています。

4つ目としては展開に関するデータで**「迷ったら"前に行く馬"は正解か」**です。

WIN5で一番悲しいシーンは、狙った馬がいい脚で伸びてきたのに、既に体勢が決まった後で、物理的に差し切るのは無理な時ではないでしょうか。**3連単なら2、3着で命拾いすることはありますが、WIN5は即死を意味する**からです。

そんなとき、決まって思うのが、「なぜ前残りを考えなかったのだろう」とか「この馬が逃げるとわかっていたから、おさえとけばよかった」というタラレバです。

そういうわけで、難しいレースや人気馬が頼りないレースでは率先して「逃げ先行馬」を拾っていたのですが、この作戦は有効なのでしょうか。

これも、逃げ先行馬の勝率をWIN5対象レースと全レースで比較してみたいと思います。

●WIN5対象レースの戦法別勝率
・逃げ（全体）：13・9％　・先行（全体）：10・8％
・芝での逃げ：12・9％　・芝での先行：10・7％
・ダートでの逃げ：16・4％　・ダートでの先行：11・1％

●11〜12年全レースの戦法別勝率
・逃げ（全体）：18・7％　先行（全体）：13・0％
・芝での逃げ：15・8％　芝での先行：11・7％
・ダートでの逃げ：21・6％　ダートでの先行：14・2％

全ての項目でWIN5対象レースでの勝率が下でした。「逃げ先行馬」を狙うという作戦はアリだと思うのですが、これを徹底してもメリットは少なそうです。

　続いて5点目は**「休み明けは"消し"で正解か!?」**というもの
です。

　半年ぶりの実戦だから1着までは厳しいだろうと、休み明けの
馬はついつい軽視しがちです。ただ、2012年10月28日の魚沼Sで
約1年の休養明けだったデルフォイ（5番人気）が快勝。休み明
けの馬はどう扱うべきでしょうか。当時はノーザンF天栄が開
業したばかりの時期。今ほど外厩が盛んではありませんでした
が、休み明けの馬の仕上げが昔よりも進んでいるとは言われて
いました。

●WIN5対象レース

・半年以上の休み明けの勝率：4・7％

・レース間隔が「中9週〜半年」の勝率：6・8％

●11〜12年全レース

・半年以上の休み明けの勝率：4・8％

・レース間隔が「中9週〜半年」の勝率：6・0％

　これに関しては、WIN5対象レースとそれ以外を分けて考え
る必要はなさそうです。いまは外厩でしっかり仕上げてから入
厩させるので、休み明けだからといって嫌う理由にはならない
のではないでしょうか。

　続いて**「昇級馬は買いか!?」**という点について。

　昇級馬が活躍するイメージがありますが、実際はどうだろう
かを探ってみると——。

・WIN5対象レースの昇級馬の勝率：9・2％

・11〜12年の全レースでの昇級馬の勝率：8・6％

　多少ではありますが、WIN5対象レースでは昇級馬が強い。
当時はこのようなWIN5対象レースとそれ以外のレースでの比
較を行いつつ、買い目をブラッシュアップできないかと考えて
いたのです。

　2章までにも紹介したように、筆者が考えすぎているだけかも

しれないですが、WIN5対象レースはいろいろと罠が仕組まれているような気がするからです。例えば、2011年のマイルCSの日は、1レース目が準オープン（現3勝クラス）の東京芝1400mの奥多摩Sで、2レース目が1000万下（現2勝クラス）の京都芝1400mの宝が池特別でした。それが、2012年のマイルCSの日は1レース目が1000万下（現2勝クラス）の東京芝2400mの晩秋特別で、2レース目が1000万下（現2勝クラス）の京都芝2000mの嵯峨野特別に変更されました。当時は翌週にワールドスーパージョッキーズS（現ワールドオールスタージョッキーズS）への備えなど、番組を組みかえた理由はいろいろありそうですが、気になったのは、ただでさえ頭数の揃わない1000万下（現2勝クラス）の中長距離戦を同じ日に東西でやったのかという点です。この週は、とにかく出走頭数が多く、ほとんどのレースがフルゲートだったのですが、この2レースだけが11頭立て、10頭立てという少頭数。特別登録の時点では両レースとも17頭の登録がありましたが、同じクラスの似た条件ということで重複登録していた馬が多数いました。番組を組んだ時点でこうなることは予測できたと思うので、あえてWIN5対象レースが少頭数になるように組んだのではないでしょうか。やっぱり、筆者の考えすぎかもしれないのですが、単なる陰謀論ともいえないと思います。多頭数戦が続けばやはりWIN5はそれだけでも難しくなる。対象レース全体を俯瞰してシナリオを考えようというのは、WIN5が始まった2年目の秋にはたどり着いた結論のひとつでした。

　2012年当時は、こういうことを考え増えてきたデータと睨めっこしていました。それが、正解だったのかはわかりませんが、最終的に高配当を手にすることができたのも事実。ここからは、筆者がどうやってWIN5と格闘してきたかをみていきたいと思います。

●最大のヒットがやってきて587万的中!

●2012年11月5日 配当587万3100円

　紹介してきたように各々のレースで買う馬を決める前に、WIN5対象の5レースを俯瞰で眺めて、「堅そうか? 波乱が起きそうか?」と、ザックリとあたりをつけます。レース番組に隠されたJRAの意図というとオーバーに聞こえるかもしれませんが、さきほど紹介したように、同じGIデーでも対象レースの組み方が前年とは変わることは珍しくないからです。しかも、**億を超える配当が出たときも2、3レースは平穏な決着ということが多く、全レース大荒れということはまずありません。**

　だから闇雲に穴を狙うのではなくて、穴馬が勝ち切る余地のあるレースを見つけ、そこで重点的に人気薄を仕込みます。一方で、堅いレースと感じたらギリギリまで点数を絞る。こうやって多点買いと少点買いを組み合わせて、「ボン、キュッ、ボン」といった感じでメリハリをつけていく。WIN5のフォーメーションを"理想のプロポーション"に仕上げるのです。

　今回、波乱の匂いを感じたのは福島メインのフルーツラインCです。ローカルのメインという単純な理由もありますが、ここは1〜3番人気が全て逃げ馬で、これ以外にも先行馬が多数いたので、ハイペースでズブズブの展開が期待できた。そうなると必然的に人気馬は総崩れ。差せるタイプの穴馬に出番が回ってくると考えたのです。

　福島ダート1150mの1000万下条件（現2勝クラス）を調べてみたら、前半550mが31秒以上かかると前残り。31秒を切ると逃げ切りはない、とわかりました。1番人気のヤマニンパピオネは、今回と同じ舞台の鶴ヶ城特別で30秒4で逃げて2着。今回はそれ以上にハナ争いが激しくなるとみていたので、その読みに自信を持つことができました。

もっとも、思った展開にならないかもしれないし、いろいろな可能性が考えられるので、ここは思い切り手を広げて10頭チョイス。

　残りのレースは4、5番人気の中穴の馬が勝つことはあっても、大波乱はないだろうと結論づけ、以下のように馬を選び出しました。

・対象1レース目：ユートピアS

①パストフォリア（3番人気）

⑥サンシャイン（2番人気）

⑦サクラクローバー（5番人気）

・対象2レース目：渡月橋S

⑤タイセイシュバリエ（5番人気）

⑦メイショウマシュウ（1番人気）

⑨ナガラオリオン（3番人気）

⑫アドマイヤサガス（2番人気）

・対象3レース目：フルーツラインC

①③⑤⑥⑦⑫⑬⑭⑮の10頭（馬名、人気省略）

・対象4レース目：アルゼンチン共和国杯

④ルルーシュ（2番人気）

⑦ムスカテール（3番人気）

⑧オウケンブルースリ（4番人気）

⑨ギュスターヴクライ（1番人気）

・対象5レース目：みやこS

②ローマンレジェンド（1番人気）

⑥ホッコータルマエ（5番人気）

⑩オースミイチバン（10番人気）

⑭ハタノヴァンクール（2番人気）

このまま購入すれば、3×4×10×4×4で1920点（19万2000円）と点数は膨大。そこで点数を減らしていきます。

まずユートピアSは、スタートがマシになって素質を発揮できるようになったパストフォリアを信頼することにしました。500万下（1勝クラス）、1000万下（2勝クラス）と連勝している馬でこういう馬の勢いには乗るべきと思ったからです。渡月橋Sは、先行力と3歳馬の成長力に期待してタイセイシュバリエをチョイス。

アルゼンチン共和国杯はどの馬も甲乙つけがたくこれ以上絞ることは断念。1頭削るなら人気先行の感のあるルルーシュでしたが、パストフォリアに続いて藤沢和厩舎の連勝があるかもしれないので残しました。WIN5では騎手でもそうですが、この手の"連勝"がよくキーワードになるからです。

みやこSは1、2番人気の2頭に絞る手もありましたが、2番人気のハタノヴァンクールは前に行けないので脚質が不安。だからといって単勝1・4倍と圧倒的な1番人気のローマンレジェンドに安易に飛びつくのは危険と思ったので、こちらも削るのをやめました。リーチがかかったときに夢の配当への可能性を残すため10番人気、単勝65・4倍のオースミイチバンもあえて残した次第。

こうすることで1×1×10×4×4で160点（1万6000円）まで減らすことに成功。しかも、穴馬も残しているので、当たりドコロによっては億を超える配当が引っ掛かるかもしれません。理想としている「ボン、キュッ、ボン」の買い目になったのではないでしょうか。

通番	東京 10R	京都 10R	福島 11R	東京 11R	京都 11R	購入金額	払戻単価	払戻／返還金額
01	01	05	01,02,03,05,06,07 12,13,14,15	04,07,08,09	02,06,10,14	各 100円 計16,000円	−	−
02	01	07,09,12	03,07,12,13,14	04,07,08,09	02,06,10,14	各 100円 計24,000円	−	−
的中	01	09	12	04	02		5,873,100円	5,873,100円
03	06,07	05	03,07,12,13,14	04,07,08,09	02,06,10,14	各 100円 計16,000円	−	−
04	07,09,12	01,02,05,06,15	07,09	02,14		各 100円 計6,000円	−	−
05	06,07	05	01,02,05,06,15	07,09	02,14	各 100円 計4,000円	−	−
06	06,07	07,09,12	01,02,03,05,06,07 12,13,14,15	07,09	02,14	各 100円 計24,000円	−	−
07	01	05,12	04,08,09,10,11,16	07,09	14	各 100円 計2,400円	−	−
合計						92,400円		
							払戻	5,873,100円

総額9万2400円の投資だが、フォーメーションを駆使することで約半分の買い目に。

　もっともこの日は、前日の浮きがあったので、おさえの
フォーメーションも買いました。話が長くなるので細かくは説
明できませんが、投票画像でわかるように、パストフォリアと
タイセイシュバリエが負けたときを想定したものです。最終的
に、全部で924点買いました。結局、いっぱい、買ってるじゃん
といわれそうですが、「場合わけ」をしたフォーメーションを
複数組むことで、爆発力を維持しつつ1920点あった買い目を半
分に減らしているわけです（汗）。

　さて肝心のレースです。まずは①パストフォリアが叩き合い
を制し、幸先のよいスタート。本来なら2レース目の渡月橋Sで
ドボンでしたが、おさえのフォーメーションに⑨ナガラオリオ
ンを組み入れており、どうにか通過。タイセイシュバリエの先
行力に期待しすぎたのが反省点として残りました。

　フルーツラインCは、読み通りの激しい先行争い。直線で粘
るヤマニンパピオネに、ゴール前で襲いかかってきたのが13番
人気の⑫スマートキャスター。この馬を穴馬として抜擢してお
り、難関をクリア！　狙いにくい穴馬まで思い切って手を伸ばし
たのが大正解でした。

　アルゼンチン共和国杯は④ルルーシュが快勝しリーチ。藤沢

和厩舎の連勝に期待して同馬を残した判断は、結果的に大ファインプレーになりました。

そして最後のみやこSは②ローマンレジェンドがゴール前でキッチリ差し切り、WIN5を的中させることができました！WIN5が発売ないレースだと、この手の単勝1倍台の馬が差してくると、つまらないと思っているのですが、WIN5ではその前までの結果次第では、贅沢を言わないから当てさせてくれという気分になるのは不思議です。当時、東京競馬場何人かで観戦していたのですが、普段、穴党の集団が一斉に②ローマンレジェンドを応援していたので奇妙に映ったかもしれません（笑）。

今回の勝利のキモは、やはりフルーツラインCが荒れると読んで網を広げたこと、そしてパストフォリアとタイセイシュバリエを1点買いに絞ったことに尽きるでしょう。

後者については、2頭とも勝ってくれれば、より美しい的中になったのですが、WIN5はそこまで生易しくない。けれども、ひとつのレースだけでも勝ち馬を読み切ることができれば、的中にグッと近づくことが、"おさえのフォーメーションが引っかかって約587万円"という結果からわかるのではないでしょうか。

●2012年7月22日 配当95万3190円

この日は10頭買っても当たる気がしない難解なレースが多かったので、買い目の収拾がつかなくなくなりそう。見するこ^{ケン}とも考えました。

結局、いろいろな可能性を考えて手を広げても、カバーしきれないので、難しいからこそ、あえて割り切った買い方をすることにしました。中京10Rの有松特別と札幌メインの札幌日刊スポーツ杯を1頭に絞り、残り3レースを5頭ずつ選んで、全部で125点（1万2500円）勝負。

・対象1レース目:有松特別
⑨ラニカイツヨシ（1番人気）

・対象2レース目:火打山特別
①クリーンエコロジー（1番人気）
③サイレントソニック（2番人気）
⑤トウケイヘイロー（3番人気）
⑭レッドクロス（5番人気）
⑮レト（8番人気）

・対象3レース目:札幌日刊スポーツ杯
⑫テイエムオオタカ（1番人気）

・対象4レース目:中京記念
②フラガラッハ（5番人気）
⑨トライアンフマーチ（10番人気）
⑬エアラフォン（3番人気）
⑮ダノンヨーヨー（1番人気）
⑯ショウリュウムーン（6番人気）

・対象5レース目:アイビスSD
③ハクサンムーン（3番人気）
④エーシンヴァーゴウ（4番人気）
⑫ビウイッチアス（1番人気）
⑯パドトロワ（7番人気）
⑰エーシンダックマン（5番人気）

　1レース目の中京10R有松特別は1番人気の⑨ラニカイツヨシと心中。前走勝負どころでゴチャつきながら、馬群を縫って差

し切った内容が秀逸だし、お手馬を教育するのが上手い佐藤哲騎手が手の内に入れている感があったからです。1番人気ながら単勝2・7倍というオッズもちょうどいいし、昇級戦というのも背中を押してくれました。

　レースは、ラニカイが直線大外から力強く伸びて快勝。1つ目の1点勝負を難なく通過することができました。

　次の火打山特別は、全然狙いが絞れなかったので、人気馬中心に5頭チョイス。勝ったのは3番人気の⑤トウケイヘイローで、この馬もおさえていたので、ここも通過。

　3レース目の札幌メインが一番の難所でした。1600万下（現3勝クラス）のレースなのに、オープン特別と勘違いしていて「格上挑戦の馬ばかりで準オープン見たいなレースだなぁ～。まともなオープン馬がテイエムオオタカしかいないなぁ～」と思っていました（汗）。そう思ったということは、テイエムオオタカの力が抜けているとみているからで、力を信じるならテイエムだけでいいということになります。でも、展開を考えるとそう簡単ではありませんでした。というのは、このレースはテンに速い馬が揃ったので、ハイペース必至。テイエムも逃げたいタイプなので展開が厳しくなりそうだったのです。ただ、展開がまぎれた場合に勝てそうな馬をおさえるとなると、かなり手を広げる必要が出てくる。展開面の不安があるからか、（テイエムは）1番人気とはいえ、単勝2・6倍と思ったほど被っていなかったので、テイエム1点勝負を敢行しました。

　レースは、やはりテイエムは逃げることができず、3番手から。しかも、前半3ハロン32秒台という超のつくハイペースになったのですが、地力で運良く押し切ってくれました。

　この札幌11Rという峠を越えてからは、トントン拍子でした。外から差せるタイプの差し馬を揃えた中京記念は、後方待機の②フラガラッハが突き抜けてリーチ。スピード自慢の快速

馬が揃ったアイビスSDは、先団につけた馬を全部持っていたので、さすがに的中を確信。中でも購入した馬の中で最も人気がなかった7番人気の⑯パドロトワがゴール前で抜け出し、配当も上がったので文句なしの当たりになりました。

　戦前は全く手掛かりが掴めませんでしたが、絞るレースと手広く買うレースをハッキリさせて、「ボン、キュッ、ボン」の理想的な買い目を構築できたのが、勝因でしょう。

　また、2レースで行った1番人気の1点勝負が上手く行ったのですが、それも1倍台の被った人気馬ではなくて、2倍前後の馬をチョイスしたのがよかったかも知れません。

●2012年7月22日WIN5

通番	中京 10R	新潟 10R	札幌 11R	中京 11R	新潟 11R	購入金額	払戻単価	払戻／返還金額
01	09	01,03,05,14,15	12	02,09,13,15,16	03,04,12,16,17	各 100円 計12,500円	―	―
的中	09	05	12	02	16		953,190円	953,190円
合計						12,500円		
							払戻	953,190円

比較的人気サイドの決着に思えても100万円近く配当あるのがWIN5の魅力

　WIN5も2年目に突入し、少しずつ私自身もようやく馬券への理解力、対応力が深まったのか2回も高配当を手にすることができました。この時は、これから毎年このような配当を手にしてWIN5長者になると信じて疑わなかったのですが、そこから数万〜10万くらいの安い配当は当たるものの、100万を超えるような大きな配当は全く手にすることができなくなりました。

　なので、ハズレて当然と購入額も5000円以下に抑えることが多くなり、1レースあたり1、2頭に絞って16〜32点くらいで買うことがほとんどになりました。ただ、締め切り等で買い逃したことはありましたが、ほぼ毎週参加はしていました。100円でも買えば億を超える配当を手にする可能性がもらえるからです。買わなければその可能性はゼロなので、少額でも買い続けることに意味があり、続けていればいつか大きな幸運が転がり込んでくることがあるかもしれないからです。

●暗黒期を乗り越えて再び億を目指す!

●2017年1月8日 配当7133万6440円

　2012年以降も細かい的中はやってきていました。ただ、前述したように5000円以下ではどうしても獲り切れないレースもしばしば。試行錯誤を繰り返しながらチャレンジしていたのです。紙幅の関係もあるので、少し飛ばして2017年にチャンスがやってきました。

　シンザン記念は、オルフェーヴル、ジェンティルドンナ、アーモンドアイといった名馬たちが3歳の初戦として走ったレースとして有名で、その年のクラシックを占う登竜門といっても過言ではありません。2017年1月8日のシンザン記念もアルアイン、ペルシアンナイトと、後から振り返ってみればその年の皐月賞1、2着馬が出走していました。他にもダービー4着のマイスタイルなど、好メンバーが揃った一戦だったことは間違いないでしょう。筆者の予想は本命ペルシアンナイト（1番人気）で対抗は8番人気の伏兵のキョウヘイでした。

　どうして、8番人気の伏兵のキョウヘイを対抗に抜擢したのかというと、それはシンザン記念の前に走った千両賞の内容にありました。千両賞を勝ったのは単勝2・2倍の1番人気に支持されていたアルアインで、シンザン記念にも出走し2番人気（単勝3・6倍）という高い評価を集めていました。2着がこの時も12番人気と全く人気のなかったキョウヘイで、その内容が優秀で、馬券期待値を考えるとキョウヘイに配当妙味があると思ったからです。

　まず、アルアインの千両賞でのレースぶりを振り返ります。好スタートを決めるとインの絶好位を確保。4コーナーを回ると内回りとの合流点で内ラチが設置されていない地点を上手く使い逃げ馬を内から交わしそのまま押し切ったものでした。全く

ロスのない競馬でラチ沿いピッタリに回ってきたもので、筆者の目測だとマイルのレースを1590mしか走らずに勝っている。それくらい無駄のないレースぶりだったのです。伸びしろを感じさせなかった。

　対するキョウヘイは、内枠で出遅れて最後方からの競馬。しかも、直線は何度も前が詰まって何度も進路変更を余儀なくされながら、馬群を縫ってきたもの。それでアルアインと1馬身差なら、こちらの方が価値の高い走りをしていると感じました。次走以降で逆転してもなんら不思議はないと思っていたのです。

　ただ、人気（単勝オッズ）はいろいろな要素で決まってくるので、クラシック候補の呼び声が高く、短期免許の外国人ジョッキーが騎乗して、一流トレーナーが管理するディープインパクト産駒のアルアインは、シンザン記念でも人気を集めます。一方、キョウヘイは高倉稜というマイナー騎手が騎乗し地味な厩舎のリーチザクラウン産駒なので、ここでも評価は上がらず8番人気（27・4倍）という低評価。アルアインが単勝3・6倍、キョウヘイの単勝が27・4倍というこの2点だけを比較すると馬券的にはキョウヘイを買うほうが正解だし期待値が高いというのは理解していただけるのではないでしょうか（もちろん、レース内容の分析方法は個々で異なるとは思いますが……）。とにかく人気馬を逆転できる可能性がある馬が見つかった。

　そして、この日もWIN5で高配当を手にすることを夢見て32点購入していました。しかし、何度も何度も試行が可能な単勝などの馬券はこの考え方が正解でしょうが、WIN5はチャンスが週に1回しかなく**期待値を重視して収束を遅らせるとちょっとした下振れを引くだけで簡単に破産してしまう**ので、WIN5において、おいしい馬を全て買うという考え方は危険極まりな

い。WIN5が始まって7年目に突入したのでそんな基本的な過ちは犯しません!

そこで、この日のWIN5を振り返ってみます。

難解な対象1レース目は8頭も選んだのですが、7番人気（単勝20・0倍）のフミノメモリーが勝利し、手広くいった作戦がズバリハマりました。2レース目は、1番人気のワンスインナムーンで堅いとみていたのですが、これもズバリ!

対象3レース目は2番人気のロードヴァンドールを抜擢。前走は開催終盤の荒れた馬場で差し馬有利の展開を4角先頭から驚異的な粘りを見せて3着。今回は開幕直後の馬場だし、頭数も手ごろで前走よりも楽に先行できることは必至と考えました。ここも狙い通り逃げ切って難なく通過。

対象4レース目は3歳牝馬重賞フェアリーS。ここも1番人気のアエロリットで堅いと考えていましたが、前向きな気性でこの時はマイルは長い可能性もあると思っていたので、1頭にするのは怖い。そこで、丸田騎手騎乗の10番人気（36・0倍）のライジングリーズンも抑えたところ、ゴール前でアエロリットを丸田騎手のライジングリーズンが差し切って高目でのリーチとなったのです。

そして迎えたシンザン記念。朝から降っていた雨が時間が経つごとに強くなり、この時間帯には本降り、いや土砂降りになっていました。馬場もいつの間にか重馬場に変更されかなりタフな状況でのレースとなったのです。キョウヘイは今日も出遅れて最後方からの競馬になりましたが、前半3ハロンが34秒5で1000m通過が59秒5。馬場を考えると先行馬には厳しい流れとなりました。直線先行勢が苦しくなったところで馬群を縫って鋭く伸びて来たのがキョウヘイで、差し切り勝ちを決めたのです。

ということは、WIN5が当たったと思われるかもしれません

が、筆者が選んだ2頭はペルシアンナイトとマイスタイルでキョウヘイは選んでいなかったのです。この日のWIN5の配当は7133万円！　この頃になると先に紹介したように、**期待値よりも通過率を重視する作戦を採っている**ので、人気があって先行力（WIN5は前で競馬できる馬を狙うのがセオリーのひとつ）があり、出現率も高そうな目を選んで外してしまったのです。とはいえ、もっとも勝つ確率が高いと予想したペルシアンナイトは皐月賞2着のあとに3歳でマイルCSを勝った名マイラー。シンザン記念が行われた京都の芝1600mはベストの舞台のはず。狙いは悪くなかったはずですが3着でした。

　雨が強くなって馬場が悪化し、差し追い込み馬にもチャンスが広がる可能性が購入時にわかればよかったのですが、最後のレースの発走時刻の1時間以上前に購入しなければならない。WIN5という恐ろしい馬券に翻弄されてしまいました。ただ、この程度の揺さぶりに屈することなく前を向き続ければ、いつかこれ以上の配当にもたどり着けると信じています。WIN4になり、シンザン記念ではWIN5では購入していなかった馬の単

●2017年1月8日WIN5

戻る	照会結果詳細	
日曜日[完全セレクト]		
(1)		
京都　9R: 02,03,04,05,06,09,11,12		
中山10R: 07		
京都10R: 05		
中山11R: 03,15		
京都11R: 05,10		
組数:32組		
各組:100円		合計3,200円

勝を購入し的中させてWIN5の投資金は回収したのですが、仕方ないと思っていてもさすがに取り逃した感はありました。

●単勝に大金を突っ込むならWIN5だ!!

●2022年4月24日 配当362万2950円

　2011年4月から販売をスタートしたWIN5も、気がつけば10年以上が経ちました。当初は、筆者も高額配当（この頃は一口100円に対する払い戻しの上限が2億円）を夢見てWIN5に没頭したものですが、投資金額がかかること、そして最初のレースなど、5つの対象レースの前半で外れた時の虚しさもあり、投資額はどんどん減っていったというのが正直なところです。それはほかの競馬ファンも同じだったようで、10億円以上あった売り上げも徐々に減少。

　14年6月には、一口100円に対する払い戻しの上限が6億円と一気にアップし、購買を促す施策がとられました。億万長者への夢は広がったはず……でしたが、売り上げがV時回復することはなく、多くの日が7億円台で推移している。今ではキャリーオーバーした時のみ参加する、というスタンスの方は少なくないでしょう……って、肝心のキャリーオーバーがなかなか発生しないので、余計に遠ざかっているのが現状ではないでしょうか。

　正直筆者もWIN5への熱を忘れかけていました。競馬のYouTube動画というと予想する動画や爆買いしている動画の視聴数が伸びているようです。

　とあるYouTube動画で2022年大阪杯のエフォーリアの単勝に300万円賭けるというものがありました。ご存じの通り、エフォーリアは9着に敗れ、単勝1・5倍の圧倒的な人気を裏切ってしまい馬券はハズレとなってしまいました。これを見た筆者の感想は、「単勝1・5倍の馬券なんて当たっても儲けは知れているので、これだけの大勝負をするならエフォーリアを最後1頭絞ったWIN5で勝負すればいいのに」というものでした。3万点も購入すれば、前の4レースで勝つ可能性のある馬はすべておさえることは可能なので、当たるか外れるかに関してはWIN5を買うのも単勝を買うのもほぼ同じでしょう。人気サイドが5レー

ス続けば確かに配当は知れているかもしれません。ただ、単勝は当たった時の払い戻しも上限がある。この場合、300万円を賭けるリスクの割に450万円しか最大での払い戻しが期待できません。しかし、WIN5ではいくらになるかわからない。億を超える可能性だってあるからです。なので、**絶対自信のある馬の単勝で大枚勝負するならWIN5を購入したほうが面白い**と思っていました。

2022年4月24日のWIN5を振り返ることにします。対象5レースのうち、東京10Rの鎌倉Sはレモンポップでまず堅いというのがこの日の予想の出発点でした。実際、単勝オッズは1・4倍と、多くのファンもアタマは堅いと評価していたほど。この馬の単勝にぶち込んだ人も多かったからこのオッズになっていると思いますが、先程も触れた通り、そんな人こそWIN5を買うべきです。レモンポップの単勝にドカンとぶち込む気があるのなら、WIN5を買ったほうがいい。そう思っていたのでレモンポップの単勝勝負したつもりでその思いをWIN5にぶつけました。

東京10R・鎌倉Sのレモンポップは簡単に決まって、次に自信があったのは東京11R・フローラSと、福島11R福島中央テレビ杯の2レースです。

フローラSは好メンバーが揃い、超人気薄が紛れ込むことが難しいと見ていました。ルージュスティリア、ルージュエヴァイユの2頭が本命候補で、これに続くのがパーソナルハイ、エリカヴィータで全部で4頭を選択。上位人気のラスールは、もともと能力を買っていないうえ、距離も長いと見て消し。これが来たらゴメンナサイでした。

福島中央テレビ杯は、昨秋の同コースで行われていた会津特別の印象が残っていたことが大きい。この時、12番人気のローレルアイリスを軸に、ホーリーライン、レオハイセンスの2頭を

絡めた馬券を勝っていました。この3頭でほぼほぼ決まりという展開だったのに、ルクルトとメイショウツヅジが凄い脚で差してきて2、3着に割り込まれたんです。結果、ローレルアイリスが勝ったのに、ホーリーラインとレオハイセンスの2頭は4、5着という悶絶する結果になりました。

　ただ、差してきた2頭は上がりのかかるレースで凄い脚を使えることがわかったので、どこかで取り返してやろうと覚えており、それが今日なのではないかと思ったのです。

　こうした伏線があって、この福島中央テレビ杯は絶好の舞台と思えたし、この2頭でほぼほぼイケると思いました。ただ、2頭ともに後ろから競馬を進めるので、前が残るレースになって共倒れになることも考慮。**基本的に競馬は前が有利な競技**ですからね。そこで前で競馬をするシゲルセンムとステラダイヤを含め4頭で勝負しました。鎌倉Sとこの2レースの合計3レースは割と簡単に買い目が決まったのですが、問題は阪神で行われる10R甲南S、11RマイラーズCは、ハッキリいってどれが勝つかわからなかったのです。

　WIN5でわからないレースが出てきたときは、「素直に上位人気を買う」ことを心掛けています。ここが、通常の馬券とWIN5の違うところです。

　通常の馬券は、アタマを獲る可能性が1%程度の馬でも、単勝オッズが150倍つくなら買うべきでしょう。期待値は1・5と1を超えますし、1日に最大36レースに参加できるわけですから、試行回数が多くなり、例え確率が1%でも、期待値通りに収束しやすい。買い続けていれば、長期的にはプラスになります。

　でもWIN5は、1週間に1度だけ。勝率1%の馬なんか狙っていたら、いつ収束するかわからないし、収束しないかもしれない。それなら、期待値が100円を割っていようと、好走率重視で人気馬を狙ったほうがいい。**WIN5の場合、個々の馬の期待値**

は関係ないですし、人気馬ばかりでも的中すればそれなりの配当になります。

確かに、1〜5番人気のどれかが勝つ確率は約80％、1〜3番人気の3頭に絞っても、どれかが勝つ確率は約65％と半分以上もある。WIN5の場合は、変に穴馬に色気を持たず、素直に人気馬を狙ったほうが得策だと思うのです（もちろん、キョウヘイのような失敗もありますが……）。

ただ、この日の阪神の2戦は、結果的に穴馬が勝利。甲南Sがレザネフォール、マイラーズCがソウルラッシュと、ともに6番人気での勝利でした。この2頭を上位人気というのは少々無理があるのかもしれません。なので説明を補足します。迷ったレースでは1〜5番人気をそのまま買ってもいいですが、それは「本当に何もわからない」とき。僕自身のマイラーズCの予想は、◎レッドベルオーブ、○エアファンディタで、以下、カラテ、ソウルラッシュの4頭が候補でした。1番人気のホウオウアマゾンが勝つことはないと思っていましたが、この馬に勝たれて終わるのはもったいないので、渋々加えて5頭を選択。上位人気で蹴っ飛ばしたのは3番人気のファルコニア。2、3着が多いタイプで、通常の馬券ではおさえが必要でも、WIN5には不向きと判断しました。

「わからない」と言いながらも、自分なりに予想することも重要です。全く予想がつかない人は上位人気から勝ち味に遅いファルコニアを除けば、6番人気のソウルラッシュも買い目に入れることが可能だし、運よく高目が引けたということでいいのではないでしょうか。

もうひとつの難関、最初の対象レースである甲南Sが一番わからないレースでした。ただ、2番人気のクリノドラゴンは、先のファルコニアと同様に善戦タイプなので買い目から外し、あとは上位人気から◎ラヴエヴァーエンズ、オンザフェーヴルの2頭

を選択。そしてムエックス、カネコメノボル、レザネフォール
と計5頭を選択しました。

　これで5レースの買い目が決定。その買い目はレース順に5×1
×4×5×4=計400通り。つまり投資金額は4万円にもなります。
そこで堅い馬の単勝にぶっこむお話を思い出してください。
鎌倉Sのレモンポップだったら、単勝に4万円を突っ込んでもい
い馬、惜しくない馬だと思ったので、この馬の単勝を買ったつ
もりでWIN5を400点買った、ということです。

　結果、レザネフォール（6番人気）、レモンポップ（1番人
気）、ルクルト（2番人気）、ソウルラッシュ（6番人気）、エリ
カヴィータ（5番人気）が勝利し、その配当は362万2950円。も
しWIN5に入れた4万円を、レモンポップの単勝に突っ込んだだ
けだったら、払い戻しはたったの5万6000円。この差を見てしま
うと、WIN5にこだわる理由もわかっていただけるのではない
でしょうか。

●2022年4月22日WIN5

通番	阪神 10R	東京 10R	福島 11R	阪神 11R	東京 11R	購入金額	払戻単価	払戻/返還金額
001	02,05,06,08,10	08	03,08,11,12	04,05,07,09,13	01,02,03,13	各 100円 計40,000円	－	－
的中	08	08	08	13	02		3,622,950円	3,622,950円

ぶち込みたい馬がいるときこそ、WIN5にチャレンジする価値がある

　繰り返しになりますが**単勝にドカンとぶち込む気があるの
なら、WIN5を買ったほうがいい**。虎穴に入らずんば虎子を
得ず、ではありませんが、単勝に入れるか、WIN5で勝負する
か。この差が6万円弱と360万円超の差になるのだから大きいと
いえるでしょう。

　とはいえ、これがゴールではなくスタートで、これからも
WIN5と付き合っていくつもりなので、もっと効率的にさらに
大きな配当を手にできるよう研究をしていくしかありません。
それをまとめて皆さんの参考にできるようにしたのはこの本な
のです。

5000円未満でWIN5を攻略するには

　結論から先にいうと人気和が8以下の決着になりそうな日を狙い撃つのが吉。というのは人気和8以下の買い目を全て購入しても56点なので、そこから不要と思う買い目を削れば3000円程度の投資に抑えることができるし、それでも当たれば確実にプラスになりWIN5を十分に楽しむことができるからです。

　どういう日に人気和が8以下の決着になりやすいかを調べる方法も簡単です。購入時に最終オッズは分からないとはいえ、WIN5の対象レースの1番人気のオッズの平均が2.5倍未満の日は人気和の低い決着になりやすい。締め切り前の購入時のオッズでも大体の傾向は掴めると思います。1番人気のオッズを5レース分足して5で割って2・5倍未満なら少額投資で的中できるチャンスがある日と考えてください。

　これまでの673回中、1番人気の平均が2・5倍未満の日は91回あり、7回に一回程度は少額的中のチャンスがある計算です。

　しかも、その91回で人気和8以下の買い目をベタ買いするとこれまでの回収率はプラスになります。

　1番人気の平均人気が2.5倍未満の人気和別回収率を算出してみたので、そちらをご覧になれば明らかです。逆にこういう各レースに確たる人気馬がいる日は人気和が大きい波乱の決着にはなりにくい。スペースの関係で割愛しましたが、人気和が23以上の波乱の決着になったことは3回だけしかありません。なので、各レースの1番人気を見て堅いかどうかはある程度判断できるので、参考に絞って勝負することもできるのではないでしょうか。

　ただ、そういう堅い決着になりそうな日であっても人気和15～22のゴールドラッシュゾーンの回収率は高い。な

●1番人気の平均オッズが2.5倍未満の時

人気和	組合せ数	投資額	回収額	回収率
5	1	9100	10260	112.7%
6	5	45500	86270	189.6%
7	15	136500	215790	158.1%
8	35	318500	507490	159.3%
9	70	637000	392380	61.6%
10	126	1146600	773170	67.4%
11	210	1911000	1282780	67.1%
12	330	3003000	1613660	53.7%
13	495	4504500	187330	4.2%
14	715	6506500	1942860	29.9%
15	1001	9109100	14805190	162.5%
16	1365	12421500	14153930	113.9%
17	1820	16562000	33739270	203.7%
18	2380	21658000	30159410	139.3%
19	3060	27846000	14861130	53.4%
20	3876	35271600	55290590	156.8%
21	4840	44044000	58480650	132.8%
22	5960	54236000	49868390	91.9%
23	7240	65884000	0	0.0%
24	8680	78988000	0	0.0%

ので、筆者が3000円から5000円の少額勝負を挑むならダメ元でゴールドラッシュゾーンに該当する買い目から選ぶと思います。そのほうが当たった時の配当に期待できますし、WIN5は夢を買う馬券なので、「期待値プラスの宝くじ」と思ってゾーンを網羅して購入する資金はないとはいえ、ハズレ同然でゾーン内の目から選ぶと思います。

4章

～673回のデータから真実が見えた！～

試行回数が増えて浮かび上がったデータとは!?

「WIN5データ編」

・ビギナーは1番人気4勝パターンを狙え!!
・人気の和で狙い込む
・買い目を省略するものぐさフォーメーションとは

WIN5データ編

本書執筆時には673回のWIN5が施行されている。約13年分のデータから見えてきた傾向を元に、筆者がどのように分析をし、そして買い目を構築していくのかを、資料とともに公開することにしたい。

13年分のデータから高配当モデルが見えた!

●人気馬の分布図を把握しよう!

この章では、WIN5発売開始から2023年7月2日までの673回のデータを分析し、具体的にWIN5をどう攻略していくべきか一緒に考えていきましょう。WIN5はいかに無駄な目を買わないかが重要です。人気馬が勝ちそうなレースは絞って勝負したいもの。最初は

●一番人気出現回収別データ

1人気勝数	出現回数(すべてをカウント)	払戻金(合計)
5	1	10260
4	27	5530420
3	90	102582830
2	194	1853483200
1	227	4746964470
0	134	10433372560
総計	673	17141943740

●WIN5における1番人気の勝ち数別集計

組合せ数	総投資額	回収率
1	67300	15.2%
75	5047500	109.6%
2250	151425000	67.7%
33750	2271375000	81.6%
253125	17035312500	27.9%
759375	51105937500	20.4%
1048576	70569164800	24.3%

人気馬が何勝したかによって分類したデータを分析しました。キャリーオーバー発生時の配当が入っていないのと組み合わせ点数も16頭立て×5レースと多めに数えているので、回収率は実際より低いですが、傾向はつかめると思います（表のデータはキャリーオーバー時6億で計算。以下同）。

●WIN5対象レース数1番人気馬動向

1番人気5勝：的中回数1回、回収率15・2%

1番人気4勝：的中回数4回、回収率109・6%

1番人気3勝：的中回90回、回収率67・7%

1番人気2勝：的中回数194回、回収率55・2%

1番人気1勝：的中回数227回、回収率27・9%

1番人気0勝：的中回数134回、回収率13・4%

　左表と囲みからわかることは、的中回数は少ないものの、1番人気が4勝するパターンで回収率がプラスになるということです。1番人気が5勝のパターンというのは1点買いで当てるということで、可能性はゼロではないもののほとんど当たることはないし、当たっても配当は安い。なので、この的中パターンを例外とすると、1番人気が活躍してたくさん勝ったほうが、回収率は高くなる傾向が見て取れる。

　出現回数で見ると1番人気が1勝か2勝のときが多いが、ベタ買いでのシミュレーションなので回収率は大きくマイナス。1番人気が負けるレースでは1番人気以外の全頭を買っている想定なので、無駄な目が多過ぎるということでしょう。

　なので、ここから得られる教訓としては、**勝つ確率の高いゾーンに絞り込んで点数を減らしたほうが回収期待値も上がる**ということではないでしょうか。

　次に、検証したいのは、3番人気以内の人気馬が何勝したかで分類したデータです。

●3番人気以内の勝ち数別集計

3人気まで	払戻金(すべてをカウント)	払戻金(平均値)	払戻金(合計)
5勝	65	147909.846153846	9614140
4勝	159	1529896.28930818	243253510
3勝	265	12114555.5849057	3210357230
2勝	131	50916163.4351145	6670017410
1勝	44	104567828.636364	4600984460
0勝	9	267524110	2407716990
総計	673	25470941.6641902	17141943740

●WIN5における3番人気以内の勝ち数別集計

組合せ数	総投資額	回収率
243	16353900	58.8%
5265	354334500	68.7%
45630	3070899000	104.5%
197730	13307229000	50.1%
428415	28832329500	16.0%
371293	24988018900	9.6%
1048576	70569164800	24.3%

●WIN5対象レース数3番人気以内馬動向

3番人気以内5勝：的中回数65回、回収率58·8%

3番人気以内4勝：的中回数159回、回収率68·7%

3番人気以内3勝：的中回数265回、回収率104·5%

3番人気以内2勝：的中回数131回、回収率32·1%

3番人気以内1勝：的中回数44回、回収率16·0%

3番人気以内0勝：的中回数9回、回収率2·4%

　このデータからは、3番人気以内の馬が3勝した場合の回収率が最も高く、4勝または5勝した場合よりも高いことがわかります。的中回数も最も多く、このエリアにスイートスポットが潜んでいるように見えます。

　一方で、3番人気以内の人気馬がひとつも勝てないとか、勝ったけど1レースだけという場合はそもそも起こりにくい。ゼロではないですが、そういうとんでもない波乱を仕留めようと網羅的にWIN5を購入しても、俯瞰で見た場合の回収率は低いので、買い目を考えるときには、**人気馬と穴馬のバランスを考え**

る必要があると思っています。

　2つの表を比較すると、ちょっとした食い違いが気になると思います。というのは1番人気の勝ち数別データでは4勝時の回収率が最も高く、3勝時の回収率は67・7%しかなかったのに、3番人気以内で見ると、4勝時の回収率はマイナスで、3勝した時にプラスになるというのは矛盾しています。

　なので、3番人気以内を対象に出したデータを、さらに1番人気が何勝したかによって、さらに細かく分けてみました。

　その結果が、以下の囲みになります。注目すべき点は、3番人気以内が4勝したケースと3番人気以内が3勝したケースです。

●3番人気以内馬が4勝（内訳）

1番人気0勝：的中回数11回、回収率23・9%

1番人気1勝：的中回数35回、回収率88・3%

1番人気2勝：的中回60回、回収率62・1%

1番人気3勝：的中回数40回、回収率93・4%

1番人気4勝：的中回数13回、回収率116・5%

　まず、3番人気以内が4勝したケースを細かく見てみましょう。前述の通り、1番人気が4勝した場合の回収率はプラス。ただ、それ以外はマイナスとなっています。これは1番人気が4勝したケースをすべて購入しても、点数が65点と少点数で済むことが大きい。3番人気以内が4勝かつ1番人気が0勝の時と比較すると、こちらのほうが平均配当が4倍近くあるものの、購入点数は1040点と10倍以上の出費になる。というわけで、投資とリターンのバランスの問題ということがわかります。

　次に、3番人気以内が3勝のケースを見てみると、1番人気が負けて2、3番人気が勝つケースが多い程、回収率が高いということがわかりました。

　1番人気0勝と1番人気3勝で比較すると、購入点数は前者が8倍も多いのですが、当たった時の平均配当が10倍以上になる。**1番人気が取りこぼすことでどんどん配当が跳ね上がって行く馬券がWIN5なので**、そういう配当の上積みを2、3番人気馬でも受けられるということなのでしょう。

　2、3番人気が3勝して、他の2レースは4番人気以下というWIN5を網羅的に買うと投資は135万円になりますが、それでも15回に1回程度的中して、これまで673回の回収率は147·7%にもなる。利益は4億円を超えます。なかなか実戦するのは難しいと思いますが、このあたりにWIN5の妙味のスイートスポットが存在することはおわかりいただけるのではないでしょうか。

　いずれのケースも、闇雲に穴馬を狙って一攫千金を目指すよりも、投資とリターンと的中率のバランスを考えて戦ったほうがいい。

　予想の精度の高さで勝負する場合には、無駄な目を減らして買い目を極限まで絞るのがよさそう。**1000万を超えるくらいの配当を意識するなら、2、3番人気が勝つケースを上手く拾っていく**のがよさそうな気がします。

●トレンドの変化を考察する

　WIN5が導入されてから23年7月2日までの673回のデータを分析し、WIN5のトレンドがどのように変化していったのかを読み取り、この先どういう流れが来るのか考察します。

1、WIN5の登場

　2011年4月、新しい券種としてWIN5が導入されました。全国の主要競馬場から選ばれた5レースの勝ち馬を当てるというシンプルながら、高額配当が魅力の馬券である。組み合わせ数の多さから億を超える配当が飛び出す可能性もあり、一攫千金が大きな魅力という建付けです。

　ここでは発売からこれまでの勝ち馬の平均人気や平均払戻の推移をまとめたデータを見ながら、傾向の変化を追っていくことにしましょう。

　発売初日から毎週購入し続けた筆者の感覚を正直にいうと、「新しい馬券で馬券購入者が攻略法を知らないので、JRAとして難易度を下げて当てやすい番組構成を意図的に作って、なるべく多くの人にWIN5の楽しさを知ってもらおうとしていた」という感じです。というのは、初回の配当は約81万円で、筆者がイメージしていたものよりもかなり低かったからです。その後も218万、50万、763万と億はおろか1000万円超えの配当すら出ませんでした。しかし、この認識が大きく間違っていたことが後になってわかります。WIN5という馬券はこれでも十分な高配当だったからです。5週目に1億4685万という配当が飛び出しますが、毎週のようにこういう配当が出ると思っていたので、初動を大きく誤ってしまいました。億を超えるような高配当を夢見るあまり無理筋の穴馬をたくさん購入しハズレの山を築いてしまっていたからです。

　年別のデータを並べて俯瞰で見ると、2011年の結果は、易し

くもなく難しくもなくWIN5としては平均的な結果だったといえるでしょう。筆者はWIN5という馬券に期待しすぎていたのかもしれません。

2、大波乱時代の到来か?

2014年は勝ち馬の平均人気が4・1と他の年を比較すると波乱の決着が多かったのが特徴です、平均配当も2021年に次いで2番目に高い。億超え配当が7回、キャリーオーバーが2回と波乱が相次ぎました。筆者はようやくJRAがイージーモードを解除してWIN5が本来の威力を発揮し始めたと思ったものです。しかし、そんな時代は長くは続かなかったですし、筆者に僥倖が訪れることももちろんありませんでした。

3、順当な結果が多い安定期

2015年から2017年にかけては、WIN5という馬券との付き合い方を多くの方が理解し、攻略法が熟成していったのではないでしょうか。その結果、勝ち馬の平均人気から見た難易度は横ばいでも、平均払戻は下がりました。それが2018年になると平均配当が1000万を割り込んで485万まで下がってしまいました。ただ、2018年の平均組合せ数をみると、他の年よりも少なく**WIN5対象レースの出走数が少なかったことで、難易度が下がった**のかもしれません。

4、予想難易度が再び上昇

2019年以降は、再び平均組合せ数が増え、WIN5対象レースの出走数が増えたことで難易度が上がり、平均配当もそれに比例するように上がっていきました。

14年6月から、最高配当が2億円から6億円に増額されたのですが、なかなかそれをアピールする機会がなく、むしろ平均配当が下がっていたので、頭数を増やしてWIN5の破壊力を大々的に世間にアピールしようとしていたのかもしれません。真偽は不明ですが、2021年は5・5億、4・8億、3億、2・7億、1億と5回

もの億超え決着が飛び出したのです。平均配当はこれまでで最高で、WIN5の破壊力を宣伝する絶好の機会となったのは間違いないでしょう。

5、そして今は?

2022年は前年の波乱の反動か、平均人気も平均配当も大きく下落。平均配当は2018年に次ぐ低さになっている。その堅い傾向は2023年も続いていて、億を超える配当は2021年の安田記念の日以降、長らく出現していませんでしたが、本データを締め切った直後（データは23年7月2日まで）の2023年7月23日の開催で約2億円の払い戻しが出ました（的中2票）。

ただ、平均組み合わせを見ると2022年よりも多く、予想難易度自体は上がっていると思われます。

予想テクニックみたいなものも、どんどん精度が上がっていて、攻略が進んで配当が跳ねにくくなったという説も考えられますが、筆者はこっちの説は支持したくありません。

●平均配当からWIN5の難易度を探る

次ページの表は、WIN5の平均配当を年月別で並べてみたものです。

さすがに12年以上ともなると、表を作成しただけでもいろいろと見えてくるものもあります。この間に競馬の制度のひとつである降級制度も廃止されました。また、来年の夏にはJRAでも本格的な薄暮競馬も始まります。当然、番組編成の変更に伴う影響も出てくることでしょう。将来的なことはともかくとしても、過去の月別データからはさまざまなことが読み取れます。

データ集計後になってしまいますが、2023年は7月〜9月の開催で億の配当も3回出現しました。2023年4月、5月は100万円未満の払い戻しとなる週も多かったりしたものとは一転しての波乱続きです。

●WIN5 年&月別平均配当

↓年／→月	1	2	3	4	5	6
2011	—	—	—	810,280	31,546,860	84,423,333
2012	16,758,506	1,831,303	61,821,365	18,776,232	3,233,838	398,440
2013	5,124,960	562,885	3,643,842	72,310,767	9,130,428	6,452,820
2014	10,877,832	9,541,625	68,987,462	25,999,953	39,543,600	60,259,098
2015	5,143,094	4,390,810	2,619,406	3,674,125	45,489,250	104,261,595
2016	2,877,810	3,092,283	11,883,004	10,964,033	2,649,716	7,124,923
2017	24,546,553	21,024,710	15,012,594	22,776,802	9,821,463	8,795,695
2018	1,095,305	4,801,658	2,058,463	8,342,852	28,570,993	3,731,253
2019	2,264,502	121,512,175	2,983,100	7,007,384	20,496,205	26,427,284
2020	82,488,142	111,135,778	20,928,640	5,198,335	3,702,574	8,937,390
2021	89,215,412	10,455,263	170,350,313	15,177,765	117,724,646	32,189,810
2022	9,743,957	3,018,525	1,304,866	9,299,390	5,777,800	3,268,900
2023	8,830,397	126,703	14,904,673	958,194	29,668,768	351,713
総計	21,297,126	24,932,426	29,865,636	14,873,666	27,522,679	26,902,331

↓年／→月	7	8	9	10	11	12	総計
2011	16,656,328	594,328	3,954,980	33,115,028	1,502,213	14,173,018	23,219,132
2012	23,036,666	44,817,830	3,347,350	2,451,158	52,163,018	66,400,490	24,276,207
2013	544,785	4,512,790	25,813,712	40,457,976	6,408,905	3,195,226	13,904,220
2014	3,199,425	8,451,444	3,966,913	67,032,870	24,745,542	11,753,350	29,913,351
2015	53,082,605	5,154,984	80,717,058	3,016,788	4,800,240	30,065,100	27,167,880
2016	3,948,072	117,424,933	681,073	14,007,930	2,266,675	1,360,264	13,691,703
2017	861,248	13,128,028	16,927,754	11,499,550	25,376,182	4,351,316	14,371,296
2018	2,197,284	3,696,068	3,465,176	1,453,440	2,211,898	531,228	4,850,965
2019	1,361,675	2,801,035	1,645,692	5,068,388	3,300,415	6,660,502	15,303,787
2020	7,910,230	8,901,608	732,234	7,764,440	2,181,008	14,485,620	22,019,015
2021	2,814,003	3,395,414	15,617,316	10,324,250	17,068,375	3,999,964	41,505,864
2022	3,145,338	24,825,988	20,279,508	1,063,187	6,341,103	11,519,822	8,105,178
2023	3,077,600						8,609,228
総計	9,599,149	18,783,101	15,332,208	15,837,623	12,405,310	13,798,036	19,230,228

　こうすることで、荒れやすい月や堅い月の有無や、季節ごとの変動。もしくは、波乱期と平穏期が周期的に交互に来るというのがわかるかもしれないと思ったからです。

　最初に月別の平均配当に目をやると、1～6月の前半の配当が高く、7月が最も低い。7～12月の後半は荒れにくいのかもしれません。

　7月の平均配当が低いのはベテラン競馬ファンの方ならすぐに察しがつくと思いますが、かつて存在していた降級の影響でしょう。2019年に廃止となったのですが、それまではクラス替えで上のクラスの馬が下のクラスの降級し、この降級直後の時期は降級馬が勝ちまくっていました。そういう時期はWIN5も当てやすいのでしょう。今では降級はありませんが、その代わりに3歳馬が大活躍するようになっており、この傾向は今後も続く可能性があります。

　これを足掛かりにさらに推測を進めると、降級前の条件戦は強い馬が勝ち抜けた後でドングリの背比べの混戦が多い。だから、1～6月のほうが荒れやすいのかもしれません。

　ただ、2022年のデータを見ると、後半のほうが平均配当が高く、降級制度が廃止された今は、7～12月にもチャンスが眠っていると考えることができそうです。

　このグラフは、月別平均データを時系列順に並べ折れ線グラフにしたものです。

●月別平均配当

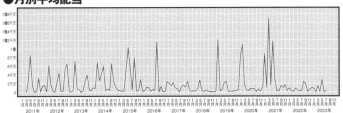

これを見ると2017年以前はコンスタントに配当が跳ねていたことがわかります。17年以降は波乱になったときに配当の跳ね具合は大きくなっているものの、全体的に平穏な時期が圧倒的に長くなっている。

　発売当初の手探り状態だった頃よりも、データが蓄積され攻略法もどんどん開発されて予想困難な波乱が最近は起きにくくなっているということかもしれません。一方で、予想困難な波乱となったときの配当は昔よりも大きく跳ねやすい。最高配当が2億から6億に増額された影響もあるかもしれないですが、それは参加者にとってはプラスのことなので、前向きに捕えるべきでしょう。

　ここ最近の配当のボラティリティ（変動度合い）が下がっているのは悪い傾向と考えがちですが、かなり難易度の高い馬券でも攻略法があるという証明とも考えられるし、依然として多くの妙味を秘めていることは間違いないので、さらに研究を続けていきたいと思います。

●騎手データとWIN5

　筆者はWIN5の買い目を検討する際にジョッキーはそこまで意識していません。個々のレースを予想する場合にはジョッキーは重要なファクターではありますが、一般のレースとWIN5対象レースで騎手の腕が変わることもないと考えているので、あくまでもどの馬を選ぶかといったときの予想ファクターのひとつだと考えているからです。

　しかも、番組の組み方ひとつで選ぶべきジョッキーも変わるはず。例えば、東京芝2400mの番組が多く対象レースになっていたらルメール騎手は優先的にチェックしなければなりませんが、ダートの短距離戦なら妙味を考えて敬遠すべきジョッキーとなりそう。売り上げ面を考えてなのか組まれることがなくな

りましたが、古くは障害レースが対象レースになったこともあり、そういうレースでルメール騎手を狙おうにもそもそも乗っていない。なので、どのジョッキーを狙うかはどういう番組を組まれるかによって大きく変わるし、その活用の仕方も買い目構築の指標というよりも、そのレースでどの馬を狙うかといった個々のレースの予想の範疇を出ることはないと思っているからです。

　ただ、それはあくまでも筆者の考え方。実は、ジョッキーにWIN5的中の大きなヒントが隠されているかもしれません。なので、早速調べてみました。

　2023年7月2日までのWIN5全673回を対象に通算勝利数と騎乗数、通算勝率を調査しました。対象レース数が3365レースとなり、年間レース数とほぼ同じ。なので、勝ち星や騎乗数や勝率を年間成績と同じような感覚で比較することができる。年間100勝がトップジョッキーの条件のひとつとしたらWIN5名人も100勝が目安となる。200勝を超えるようならレジェンド級といってもよさそう。同様に、騎乗数も勝率も年間成績のような感覚で比較できるのではないでしょうか。

　私が予想のベースのひとつにしているのが騎手です。多くの皆さんが最終的に騎手で馬券の取捨選択をしていることも少なくないでしょう。WIN5対象レースは特別、重賞というように賞金の高いレースが指定されます。当然、普段のリーディングと近い値になると思われますが、本当にそうなのか。データを集計しているとさまざまな点に気付かされることになりました。

　また、集計期間後、本書校了間近の2023年9月10日WIN5では冨田暁騎手が、WIN5対象2レース目のオークランドTRTを9番人気で1着、対象4レース目のセントウルSを単勝万馬券（15番人気）のテイエムスパーダで押し切り1着と波乱の主役になり、約4億2300万円の立役者になっています。

●WIN5対象レース騎手別成績

騎手	WIN5対象レース成績（通算）				20年〜22年の年平均成績				WIN5対象レース成績（20年以降）			
	順位	勝数	騎乗数	勝率	順位	平均勝数	平均騎乗数	平均勝率	順位	勝数	騎乗数	勝率
ルメール	1	174	800	21.8%	1	171	717	23.8%	2	63	307	20.5%
川田将雅	2	167	1025	16.3%	2	149	541	27.5%	1	68	307	22.1%
戸崎圭太	3	137	1044	13.1%	5	93	634	14.7%	4	47	308	15.3%
M・デム	4	129	785	16.4%	9	71	545	13.0%	8	24	289	8.3%
武豊	5	121	1025	11.8%	7	88	596	14.7%	6	30	308	9.7%
松山弘平	6	113	972	11.6%	3	125	864	14.5%	3	51	332	15.4%
岩田康誠	7	105	993	10.6%	23	47	528	8.8%	19	17	233	7.3%
浜中俊	8	93	950	9.8%	27	41	422	9.8%	7	25	223	11.2%
田辺裕信	9	86	943	9.1%	10	71	637	11.1%	16	19	270	7.0%
池添謙一	10	83	852	9.7%	19	53	520	10.2%	14	20	250	8.0%
横山典弘	11	78	863	9.0%	26	42	355	11.7%	24	12	207	5.8%
幸英明	12	65	1033	6.3%	11	68	881	7.7%	9	24	313	7.7%
内田博幸	13	65	942	6.9%	34	30	637	4.8%	26	12	210	5.7%
北村友一	14	60	741	8.1%	35	29	325	8.9%	22	14	173	8.1%
藤岡佑介	15	60	707	8.5%	18	55	510	10.8%	11	22	228	9.6%
和田竜二	16	54	1061	5.1%	20	52	853	6.1%	23	13	306	4.2%
北村宏司	17	54	795	6.8%	42	24	407	6.0%	40	7	154	4.5%
吉田隼人	18	54	731	7.4%	8	87	753	11.6%	10	24	250	9.6%
石橋脩	19	47	809	5.8%	24	44	493	8.9%	35	9	235	3.8%
柴田善臣	20	46	625	7.4%	62	15	264	5.7%	41	6	103	5.8%
三浦皇成	21	45	904	5.0%	12	65	658	9.9%	18	17	284	6.0%
藤岡康太	22	45	753	6.0%	21	49	649	7.6%	21	16	247	6.5%
津村明秀	23	42	685	6.1%	31	37	572	6.4%	34	9	234	3.8%
大野拓弥	24	37	796	4.6%	30	38	631	6.0%	52	3	201	1.5%
松若風馬	25	36	581	6.2%	29	40	650	6.1%	27	11	240	4.6%
横山武史	26	36	335	10.7%	4	108	761	14.2%	5	33	278	11.9%
秋山真一	27	35	642	5.5%	52	18	300	6.1%	55	3	145	2.1%
酒井学	28	35	664	5.3%	53	18	476	3.9%	38	9	188	4.8%
吉田豊	29	32	639	5.0%	48	19	444	4.4%	39	7	154	4.5%
柴田大知	30	31	771	4.0%	54	18	530	3.5%	49	4	139	2.9%
小牧太	31	30	531	5.6%	84	6	156	3.8%	87	1	42	2.4%
松岡正海	32	30	630	4.8%	83	6	188	3.4%	64	2	80	2.5%
鮫島克駿	33	30	431	7.0%	14	62	786	7.9%	12	21	261	8.0%
丹内祐次	34	26	459	5.7%	25	44	760	5.7%	37	9	176	5.1%
丸田恭介	35	26	449	5.8%	65	13	402	3.3%	56	3	107	2.8%
丸山元気	36	25	611	4.1%	33	31	556	5.6%	32	10	192	5.2%
菱田裕二	37	24	523	4.6%	28	40	560	7.2%	28	11	183	6.0%
坂井瑠星	38	24	349	6.9%	13	64	653	9.9%	15	19	255	7.5%
古川吉洋	39	24	482	5.0%	61	16	424	3.7%	53	3	143	2.1%
川須栄彦	40	24	498	4.8%	55	17	376	4.6%	45	5	110	4.5%
横山和生	41	24	331	7.3%	15	61	569	10.7%	13	20	202	9.9%
田中勝春	42	23	611	3.8%	79	9	210	4.4%	57	3	95	3.2%

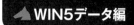

騎手	WIN5対象レース成績（通算）				20年～22年の年平均成績				WIN5対象レース成績（20年以降）			
	順位	勝数	騎乗数	勝率	順位	平均勝数	平均騎乗数	平均勝率	順位	勝数	騎乗数	勝率
C・デム	43	22	153	14.4%	59	16	73	22.5%	43	5	36	13.9%
太宰啓介	44	21	514	4.1%	80	9	297	3.0%	69	2	90	2.2%
柴山雄一	45	20	471	4.2%	81	9	259	3.3%	70	2	77	2.6%
勝浦正樹	46	20	462	4.3%	56	17	383	4.5%	48	4	99	4.0%
石川裕紀	47	19	434	4.4%	38	27	544	4.9%	30	10	200	5.0%
松田大作	48	19	383	5.0%	67	12	253	4.9%	44	5	113	4.4%
岩田望来	49	18	329	5.5%	6	89	822	10.8%	17	17	302	5.6%
高倉稜	50	18	465	3.9%	82	8	211	3.9%	50	4	86	4.7%
菅原明良	51	16	235	6.8%	16	59	757	7.8%	20	16	227	7.0%
レーン	52	15	79	19.0%	43	24	119	20.4%	31	10	62	16.1%
国分恭介	53	15	467	3.2%	74	11	352	3.2%	74	2	107	1.9%
西村淳也	54	14	240	5.8%	17	58	678	8.5%	25	12	205	5.9%
荻野極	55	14	280	5.0%	49	19	339	5.7%	33	10	155	6.5%
江田照男	56	13	518	2.5%	45	20	507	4.0%	60	3	114	2.6%
国分優作	57	13	474	2.7%	13	26	409	3.1%	78	2	109	1.8%
木幡巧也	58	11	256	4.3%	39	26	586	4.5%	46	4	116	3.4%
斎藤新	59	11	186	5.9%	32	35	634	5.5%	29	11	172	6.4%
杉原誠人	60	10	249	4.0%	73	12	327	3.6%	59	3	74	4.1%
黛弘人	61	10	192	5.2%	78	10	358	2.7%	51	4	67	6.0%
団野大成	62	9	215	4.2%	22	49	701	6.9%	36	9	211	4.3%
武藤雅	63	8	227	3.5%	44	23	470	5.0%	42	6	124	4.8%
森一馬	64	8	75	10.7%	64	14	97	14.4%	91	1	13	7.7%
菊沢一樹	65	6	121	5.0%	60	16	505	3.2%	65	2	72	2.8%
藤田菜七	66	5	128	3.9%	50	19	431	4.4%	89	1	52	1.9%
川又賢治	67	4	129	3.1%	77	11	259	4.1%	72	2	65	3.1%
亀田温心	68	4	100	4.0%	36	29	562	5.2%	45	4	100	4.0%
富田暁	69	3	183	1.6%	37	28	541	5.1%	54	3	155	1.9%
野中悠太	70	3	164	1.8%	68	12	452	2.7%	61	3	82	3.7%
角田大河	71	3	33	9.1%	70	12	194	6.2%	63	3	33	9.1%
泉谷楓真	72	3	90	3.3%	40	26	516	5.1%	63	3	90	3.3%
中井裕二	73	2	189	1.1%	75	11	257	4.4%	84	1	70	1.4%
永野猛蔵	74	2	72	2.8%	47	20	425	4.6%	67	2	72	2.8%
小沢大仁	75	2	48	4.2%	51	19	397	4.8%	68	2	48	4.2%
角田大和	76	2	47	4.3%	46	20	366	5.6%	71	2	47	4.3%
原優介	77	2	41	4.9%	76	11	484	2.3%	76	2	41	4.9%
今村聖奈	78	1	38	2.6%	57	17	202	8.4%	83	1	38	2.6%
石神深一	79	1	20	5.0%	71	12	75	16.1%	181	0	1	0.0%
小林脩斗	80	1	13	7.7%	69	12	359	3.4%	99	1	13	7.7%
秋山稔樹	81	0	42	0.0%	41	26	508	5.2%	108	0	42	0.0%
松本大輝	82	0	30	0.0%	58	17	320	5.2%	109	0	30	0.0%
横山琉人	83	0	31	0.0%	63	14	277	5.2%	112	0	31	0.0%
小林凌大	84	0	6	0.0%	72	12	361	3.3%	117	0	6	0.0%

WIN5対象レースの通算成績と20〜22年の年間成績の平均と20年以降の最近のWIN5対象レース成績の3部門でデータを算出。最近の成績も入れたのは、若手騎手は通算での比較となるとキャリア面で不利なのでWIN5で活躍している若手騎手を見逃さないため。もうひとつは、最近勝ち星を量産している急上昇中のジョッキーが見つかる可能性もあると思ったからです。取り上げた騎手はWIN5対象レースの通算勝利数の多い騎手、もしくは、20年〜22年までの平均勝ち星が10勝以上の騎手。

WIN5対象レースで200勝を達成した騎手はいませんでした。100勝ジョッキーは7人（ルメール、川田、戸崎、デムーロ、武豊、松山、岩田康）です。

■WIN5対象レースリーディング1位〜20位

●Cルメール騎手

174勝でトップの勝ち星でした。順当な結果といっていいですが、ルメール騎手がJRAの所属騎手となったのは2015年なので、2011年から始まったWIN5にフル参戦していたわけではないという点は見逃せません。ただ、年始のバカンスに加え夏休みもたっぷりとって毎年リーディング争いをしているので、それくらいのハンデはちょうどいいのかも。勝率も3部門全てで20％を超えており、もっとも信頼できるジョッキーといってよさそうです。

●川田将雅騎手

167勝でルメール騎手に次いで2位。ただ、最近は騎乗馬を厳選して高勝率を誇るのが川田騎手のセールスポイントですが、WIN5対象レースに関しては1000鞍超騎乗を達成しており、数乗って勝ち星を稼いだ感は否めません。ただ、最近はWIN5対象レースでも勝率2割を超えてきており、こちらも頼りになる

ジョッキーといっていいでしょう。

●戸崎圭太

　3位は137勝で戸崎騎手。川田騎手同様WIN5対象レースで1000鞍以上騎乗しています。勝率を見てみると、20年以降のWIN5対象レースが最も高く、WIN5対象レースでの勝負強さが増しているのかもしれません。

●Mデムーロ騎手

　4位は129勝でデムーロ騎手。近年はノーザンF系の有力馬に騎乗できなくなって大舞台での活躍が減少しています。それに比例するように最近はWIN5対象レースでの活躍も減っていますが、全体から見た勝ち星や勝率は上位で、大きな舞台での一発が魅力で勝ち切れるジョッキーなので無視できないのでは。また、今夏に入り関西のエージェントに変更。メインの騎乗場所が変化することで内容が変わる可能性もあります。

●武豊騎手

　競馬界のレジェンド健在。最近のWIN5対象レースでもトップクラスの成績を残している。

●松山弘平騎手

　着実に成長しトップジョッキーの仲間入りを果たしたといっていい。20年以降のWIN5対象レースの騎乗数は全ジョッキー中トップで売れっ子ぶりが伺える。騎乗数が多いだけでなく勝率も高く、WIN5でも信頼できるジョッキーなのは間違いない。

●岩田康誠騎手

　WIN5対象レースで100勝超の7人の侍のひとりですが、近年の活躍は地味。似たような境遇のデムーロ騎手と比べても、最近のWIN5対象レースの騎乗数も勝率も低く、落ち込み度は岩田康騎手のほうが深刻にみえる。

●浜中俊騎手

強気の騎乗がウリのジョッキーで、それが勝負強さにつながりWIN5対象レースでの活躍の原動力になっているのでは。7月16日にも8番人気のレイクリエイターで勝利し、4000万円を超える配当の立役者になっている。ちなみに、帯でシルエットになっていたのは浜中騎手です。

●田辺裕信騎手

2020年以降のWIN5対象レースでの勝利数は16位と悪くはないが、対象レース以外のほうが勝率も順位も上なのは気になる傾向。

●池添謙一騎手

決め打ち系の代表格で、大舞台に強い騎手。WIN5対象レースに強いが、最近はそれも若干落ちているのが気になる。

●横山典弘騎手

息子たちも一人前のジョッキーに成長し、最近は競馬を達観されている感が強い。全く勝たないわけではなく無視はできないが、最近のWIN5対象レースでは期待しすぎは禁物。

●幸英明騎手

とにかくたくさんのレースに騎乗する鉄人戦略が有名だが、WIN5対象レースでもしっかりと1000鞍超騎乗している。勝率は同ランクの騎手と比較して低いが、とにかく数乗るので最近のWIN5対象レースでの勝利数はトップ10に入っている。

●内田博幸騎手

全盛期の武豊騎手をリーディングの座から引きずり下ろした騎手ですが、大ベテランの域に達し、最近は低空飛行が続いている。

●北村友一騎手

2021年にレース中の落馬で大ケガを負い、22年6月に復帰。徐々に調子を取り戻している印象で、完全復活までもうすぐでは。

●藤岡佑介騎手

　20〜22年の騎乗数の平均を見ると川田騎手よりも少なく騎乗馬を厳選しているジョッキーなのかもしれません。最近のWIN5対象レースの勝ち星も勝率も高く、意外な狙い目ジョッキーの可能性も。

●和田竜二騎手

　とにかくたくさん乗る、質より量の騎手。WIN5対象レースでの騎乗数はトップ。ただ、勝率は低く、2、3着も多いタイプで、狙い撃つのが難しい印象だ。

●北村宏司騎手

　落馬負傷やヒザのケガなどで、何度も長期の離脱があり成績を落としている。過去には年間100勝達成したこともあるが、苦戦が続いている印象。しかし、ここに来ての復調急。

●吉田隼人騎手

　関東所属ながら、今は実質的には関西の騎手。関西移住がよかったようで、成績が上向いたし、最近のWIN5対象レースでの活躍も増えている印象。

●石橋脩騎手

　勝ち星的には横ばいだが、どうも元気が感じられない。WIN5対象レースでの活躍も少なめ。

●柴田善臣騎手

　現役最年長ジョッキーもまだ健在。往年のような活躍は期待できないとはいえ、経験と技術は随一でいぶし銀的存在。

■WIN5対象レースリーディング21位〜40位

　このゾーンは横山武騎手、鮫島駿騎手、坂井騎手といった伸び盛りのジョッキーが多く含まれます。当たり前ですが、WIN5が発売された後にデビューした騎手たちです。あとは、酒井学騎手、吉田豊騎手、丸田騎手などリーディング順位は低いが穴での一発が魅力の騎手や大舞台での勝負強さがウリの騎

手など、WIN5で高配当の使者になりそうな騎手も多い

■WIN5対象レースリーディング41位～60位

　このゾーンは岩田望騎手や菅原明騎手など、リーディング順位と比較してWIN5対象レースで結果を出せていない騎手が目に付きます。ただ、岩田望騎手もリーディング上位に入りつつありますし、菅原明騎手も23年夏のWIN5では7月23日2億円超の配当となったレースで勝ち星を挙げました。

■WIN5対象レースリーディング61位～84位

　ここは減量特典を活かして勝ち星を伸ばせるようになってきたものの、まだレベルの高い特別レースでは結果を出せていない若手騎手が目立つ。減量特典が消滅して苦戦する騎手も多いと思うが、なかには、それを乗り越えて特別でも活躍するようになる騎手も出てくると思うので、長い目で見たいゾーンです。

●絶対視できる馬がいるならWIN5一択だ!

　WIN5と単勝は1着の馬を当てるという点では同じですが、馬券攻略へのアプローチという面から考えるとまったく違うものだと考えています。

　単勝は推定勝率とオッズを掛け合わせてそれが1を超える期待値プラスの馬を見つけて買い続けるのが正解ですが、的中率が宝くじ並みに低いWIN5だといくら期待値プラスの馬を組み合わせて購入しても、低い的中率がさらに下がって的中が遠のくだけ。そもそも一生のうちに収束するのかもわからない馬券なので、期待値を意識して買い目を選ぶのは得策ではありません。それよりも推定勝率の高い人気馬から素直に購入するのが、まだマシだと考えているからです。

　とはいっても、WIN5と単勝は1着を当てるという点で同じ。だから、単勝の代用品と考えることもできる。早速、先ほどの

主張とは真逆のことを言っていますが、そうではありません。**絶対に負けようがないと思う馬がいた場合は、単勝に大枚はたくよりも、WIN5で勝負したほうが有利**なのではないかと考えているからです。

　紹介したように2022年、WIN5で362万馬券を的中させることができたのですが、それは鎌倉Sに出走したレモンポップが絶対勝つと思っていたので、その単勝を4万円ぶち込んだつもりで、WIN5を400点購入したのです。もちろん、レモンポップが勝利しても他のレースが外れて投資がパーになる可能性もありましたが、1・4倍の単勝に4万円ぶち込んでも、利益はたったの1万6000円にしかなりません。だったら、大きく跳ねる可能性のあるWIN5を勝ったほうがいいと考えたのが奏功しました。

　今年のオークスを6馬身差で圧勝したリバティアイランド。こちらも単勝1・4倍と圧倒的な支持を集めていました。負けようがないと考えていた方も多いのではないでしょうか。ただ、単勝で勝負してもリターンは知れています。こういう時に筆者がよく比較するのは、リバティアイランド1頭に絞って、残りのレースをすべて全通り購入したWIN5とどっちが得かということです。

　オークスの日は11×18×16×16×1で5万688通り購入しなければならず、500万円以上の勝負になりますが、ＧⅠのたびに有力馬への大量投票が話題になるので、単勝にそれくらいの大金を突っ込む人も少なくはない。単勝を500万円分購入して当たっても、利益は200万円にしかなりませんが、もし単勝と同じ確率で的中するWIN5を選択していれば約4219万円が手にできていたからです。

　ただ、これは2レース目のフリーウェイSで15番人気、単勝125・1倍のペイシャフェスタが配当を跳ね上げてくれたからなのですがリバティアイランドの単勝勝負と比較して18倍以上の

利益になるなら考えてみる価値はあるのではないでしょうか。

　ただ、リバティアイランドの単勝を大量購入したつもりで、桜花賞の日のWIN5を選んでしまうと、3万3280通り（332万8000円）の購入で払い戻しは49万5340円なので、当たっても300万近いトリガミ（獲って損すること）になってしまいます。阪神JFの日を選んでしまったら、もっと悲惨。3万3792通りの購入し対し、払い戻しは2万5950円なので勝負馬が勝利したのにほぼ丸損。なので、全通り買いをしているレースで**いかに高目を引けるかという勝負になり、予想というよりも宝くじを買っているのと近い感覚**になってしまいます。ただ、3レースすべて単勝勝負した場合とWIN5勝負した場合の払い戻しを比較しても2回トリガミのあるWIN5のほうが大きい。というわけで、WIN5の一撃の破壊力の凄まじさはわかっていただけるのではないでしょうか。

　そういう超の付く高額配当をマグレでもラッキーでもいいので1回でも手にできれば、生涯収支プラスも確定すると思うので、そういう可能性をちょっとでも感じたらチャレンジしてみる価値はあると常に考えています。

　ただ、WIN5購入者の予想精度がアップしているのか、なかなか波乱が置きにくくなっているのも事実。億を超える配当は21年の安田記念の日が最後で2年以上出ていません（2023年7月23日に2年ぶりに2億を超える配当が飛び出しました）。なので、前述のような何万点も購入するのは正直薦めないですし、自分もやらないと思います。その前に筆者には買うお金もないのですが……。

　あと、WIN5の攻略は各レースの予想から、馬券の買い方まで多岐に渡るので、なかなか網羅的に説明するのが難しい。だから、攻略法の類もあまり耳にしません。実は攻略の余地がフロンティアのように広がっている可能性もあります。もし、い

いツボを突くことができれば億万長者になれるかもしれません。

　というわけで、この項目でメインテーマとしたいのは「人気和」と「無駄な買い目を削る方法」。この2つに絞ってWIN5について掘り下げていくことにします。

●人気の総和から分析する!

　まず、以降のページで使用する「人気和」を定義することにします。人気和とは買い目1点に含まれる5頭の人気の和のこと。5レースすべてで1番人気を選んだ時の人気和は5となります。前述のオークスの日の結果を見てみましょう。

●2023年5月21日WIN5

1レース目：エクロジャイト（4番人気）

2レース目：ペイシャフェスタ（15番人気）

3レース目：メディーヴァル（6番人気）

4レース目：サトノテンペスト（3番人気）

5レース目：リバティアイランド（1番人気）

という結果で、人気和は4+15+6+3+1=29となります。

　見慣れない指標で戸惑われるかもしれないですが、競馬データベースソフトなどですぐに調べられるというファクターということで選びました。人気和という項目が無い場合は平均人気で判断することができる。平均人気は人気和を5で割って出したものなので、どちらも同じものと考えていいからです。

　人気和やオッズ和を足りたり掛けたりすることで、もっと精度の高い分析ができることはわかっています。しかし、計算が大変になるし、購入時には最終オッズがわからないので、多少のアバウトさを許容しなければならず、精度を求めすぎると実戦的ではなくなります。「TARGET frontier JV」などの競馬

データベースソフトを使えば簡単に判断できて、もっとも実戦的と思う指標が「人気和」だったので、これを使うことにしました。

2023年7月2日までに行われたWIN5は673回。人気和ごとの出現回数を表にまとめるとこのようになります。

人気和は最低が5（1番人気が5勝）、最高が90（18番人気が5勝）で、単純に平均すると47・5になるのですが、これまでの最高値が49で30を超えることはほとんどありません。というのも、1番人気が勝つ確率が30％近くあり、18番人気が勝つことはほとんどないからです。**結果から推測できる人気和の平均は約18**となっています。

これで何がわかるかというと、673回やって一度も出現していないパターンの目が多数あり、そういう目を知らず知らずのうちにたくさん買っているということです。

また、先ほど今年のオークスの日を例にしました。リバティアイランドを1頭に絞って、残りを全通り買うと5万688通りです。点数を減らすために人気和が31以上の目を削るとすると、買い目は1万8931通りに減り、投資金を300万円以上節約できます。結果は29なので、これ

●WIN5人気和別成績

人気和	出現回数	割合	累計割合
5	1	0.1%	0.1%
6	8	1.2%	1.3%
7	16	2.4%	3.7%
8	16	2.4%	6.1%
9	23	3.4%	9.5%
10	19	2.8%	12.4%
11	29	4.3%	16.7%
12	33	4.9%	21.6%
13	27	4.0%	25.6%
14	28	4.2%	29.8%
15	53	7.9%	37.7%
16	45	6.7%	44.4%
17	53	7.9%	52.3%
18	42	6.3%	58.6%
19	36	5.4%	63.9%
20	43	6.4%	70.3%
21	24	3.6%	73.9%
22	27	4.0%	77.9%
23	22	3.3%	81.2%
24	14	2.1%	83.3%
25	20	3.0%	86.3%
26	12	1.8%	88.1%
27	22	3.3%	91.4%
28	10	1.5%	92.8%
29	9	1.3%	94.2%
30	11	1.6%	95.8%
31	8	1.2%	97.0%
32	5	0.7%	97.8%
33以上	15	2.2%	100.0%

MAX49

だけ絞っても的中できたことになります。

この考え方を応用して、**人気和の大きい買い目を削る**という方法は有効なのではないでしょうか。

また、人気和の平均付近の15〜22の出現割合は48・1％もあり、2回に1回はこのゾーンでの決着になる。なので、広めのフォーメーションを組んだうえで、人気和が15〜22までの買い目だけに絞って買うという作戦もありかもしれません。人気和の小さい買い目で的中しても配当は安いので、そういう目は切り捨てて、妙味のあるゾーンだけ狙うという方法も有効でしょう。

ちなみに、人気和18で決着したときの最低配当は63万5910円で最高配当は1597万7850円なので、億までは行かなくても、8桁配当を手にするのことも夢ではないのです。

どうやって余分な買い目を削るかについては、後で説明したいと思います。

また、偉そうにいろいろ講釈を垂れてきましたが、筆者もこれからこの方法論を使ってWIN5を購入したいと思っているだけでまだ成果はありません。これから試して、その結果がどうだったかについては、どこかで報告させていただこうと思っています。いつまで経っても報告がない場合は「上手くいかなかったか」、もしくは「上手くいきすぎて人に教えたくないか」だと思ってください（笑）

●人気和から購入点数を考える

前項では、WIN5攻略の足掛かりとして、各レースの1着馬の人気を足した「人気和」というファクターに注目し、出現率の高いゾーンをあぶりだすことに成功しました。ここではそれをもう一歩だけ先に進めたい。というのは出現率が高くても配当がそれに見合うものなのか？ 期待値的にどうなのか？ という検証

がまだできていないからです。

　本当に目を付けたゾーンの回収率が高いのか、それをここで
ハッキリさせたいのです。ただ、これを計算するのはなかなか
大変。というのも5レースすべて16頭立ての場合、WIN5の買い
目は104万8576通りとなる。これまで行われたWIN5の平均でも
59万4726通りもあり、これを「人気和」ごとに何通りあるのか
を数えて、購入点数をはじき出さないことには回収率を出せな
いからです。

　でも安心してください。便利な世の中になって、こういう煩
雑な計算はChatGPTにやらせちゃえば、すぐに答えは出るで
しょう。そこで、こういう質問を投げてみました。

　「1から16の目がある16面サイコロを5回振ると、出た目の合
計は5から80の間の値をとる。5回振った時の目の合計ごとに何
通りあるのか計算して欲しい。例えば、5なら1+1+1+1+1の1
通り。6は5通り。こんな感じで7から80までは何通りあります
か?」

　WIN5のことをAIは知らない可能性があるし、16枚のカード
にすると引いたカードの扱いがややこしい。なので、16面サイ
コロで質問したのですが、聞きたい中身は同じです。

　しかし、ChatGPTからの返答は想定外のものでした。

　「すみませんが、ご指定の条件で具体的な計算を行うには高
度な計算やプログラムが必要です。それは現在の私の能力を超
えています」

　よくChatGPTは嘘をついてごまかすといわれているので、
煽り気味に「この計算はAIには出来ないのですか?」と食い下
がってみました。

　「申し訳ありません、私の説明が不十分でした。AIでの計
算は可能ですが、具体的な計算結果を直接出力することはでき
ません。（中略）それぞれの具体的な手法や計算結果について

は、プログラミング知識や計算機科学の専門家に相談すること
をお勧めします」

　ぐぬぬ……。このポンコツめ!

　ただ、筆者がこれから挑もうとしている山は何人もの遭難者
が出て、生きて帰ってきたものがまだいない未踏の山かもしれ
ない。冷静になって、「曖昧な質問で恐縮ですが、この問題は
どれくらい高度で難しい問題なのですか?」と聞いてみました。
「この問題は計算機科学や数学の領域では『組み合わせの数え
上げ』問題となります。その解法は、教育の初期段階ではな
く、通常は大学レベルのコース（特に離散数学や計算機科学）
で教えられます。しかし、これはプログラミングの基本的なス
キルを有する人ならば、適切なアルゴリズムを用いて解くこと
が可能です」

　AIごときに、プログラミングの基本的なスキルのない人間と
足元を見られてしまった。こうなったら自分でやるしかない。
国立理系の工学部で当時は医学部の次に偏差値が高かった学科
で8年間も熱心に勉強したヒノの頭脳を駆使すれば、不可能な
んてない。Excelと電卓と手計算で、「人気和」ごとの組み合わ
せ数を数えてやりました。こういう煩雑な作業をさせるために
ChatGPTを導入したのに、核融合の話とかどうでもいい部分で
しか活躍せず、一番期待していた分野で役に立たないとは……
はらわたが煮えくり返りましたが、ある意味でやる気にさせて
くれました。

　どうやって数えたか皆さんは興味ないかもしれないですが、
簡単に説明すると。まずはWIN2と考えて16×16の人気和の組
み合わせを数える。WIN2の人気和は2〜32の値になるので、次
は2〜32と1〜16の人気和の組み合わせを、重複している部分も
併せて何通りか数える（WIN3）。さらに3〜48と1〜16までの人
気和の組み合わせを重複している部分も含めて数え（WIN4）、

さらに、4〜64と1〜16までの人気和の組み合わせを重複している部分も含めて何通りあるか数えればいい（WIN5）。そうすれば5〜80までの人気和の組み合わせがそれぞれ何通りあるか出せるのです。どうだ、見たか、クソAIめ！

ここからも、人気和ごとの払い戻し総額の計算など煩雑な作業が残っていますが、これくらいはExcelでちょちょいのちょいでできる。一番大きなヤマはどうにか越えることができました。

大変な思いをしただけあって、結果は想像以上のものでした。これは世紀の大発見の可能性もあるのではないかと思っています。本当はChatGPTとのやりとりをもっと長くして紙幅を浪費し、結果までたどり着かないように書いて、これを自分だけの秘密しようかと散々悩みました。しかし、読者のためになる情報を惜しみなく公開するをモットーに20年以上ライターをやってきたので、今回も惜しみなく公開することにしました。

ちなみに、この原稿を書き上げたあと、ChatGPTにCode Interpreterという新機能が追加されました。再度、人気和の組み合わせを数える質問を再度投げてみたところ、自分でプログラムを書いて一発で答えを出して来たのです。ただ、ChatGPTの答えには間違いも多いので、僕が計算した数字と合っているのか検算してやったところ、それもピッタリ同じでした（血の涙）。二重に計算したうえで結果が一致しているので、数字が間違っている可能性はかなり低いといえるでしょう。

その結果がこれです。

●人気和ゾーン別成績

人気和	組合せ数	組合せ割合	的中数	的中数割合	総投資額	総回収額	回収率
5〜14	2002	0.2%	201	29.9%	134,734,600	83,550,050	62.0%
15〜22	24302	2.3%	324	48.1%	1,635,524,600	1,790,690,380	109.5%
23〜36	273168	26.1%	143	21.2%	18,384,206,400	12,800,230,550	69.6%
37以上	749104	71.4%	5	0.7%	50,414,699,200	2,667,472,760	5.3%
37以上（出現済み）	183826	17.5%	5	0.7%	12,371,489,800	2,667,472,760	21.6%
37〜40,42〜44,48,50〜80	565278	53.9%	0	0.0%	38,043,209,400	0	0.0%

※キャリーオーバー時は配当6億円で計算　※組み合わせ数は16頭×5レースのケースで計算
※23年7月2日までの673回を集計したもの

　期待値的に見ても、前章で出現率が高いホットゾーンと見ていたところにお宝が眠っているということが証明できたのではないでしょうか。人気和の区切りは筆者が目分量でやったので多少恣意的になってしまっているかもしれませんが、区切りを変えても大まかな傾向は変わりません。

　以前、「WIN5は9割以上が死に目」という主張を何度かしたことがありますが、全組み合わせの半数以上が10年以上たった今でも一度も出現していないし、買い目の7割以上を占める「人気和37以上」という組み合わせは、めったに出現しないし、出現してもキャリーオーバーということも多い。的中があるゾーンも発売している目のほとんどはハズレで出現していない目がほとんどなので、9割以上が死に目と主張した意味も理解していただけるのではないでしょうか。

　一方で、「人気和14以下」の人気馬同士の組み合わせゾーンを見ると、このゾーンで的中する割合は29・9%と3回に1回くらいあるのですが、みんなフォーメーションで人気馬をおさえるので、当たっても配当が跳ねることがなく、回収率は62・0%しかない。当てたいならおさえたほうがいいのでしょうが、期待値的にはおいしくないといえます。

　多くの方が体感的に感じていたWIN5の傾向を、初めてハッキリと数字で示すことができたといっても過言ではないのではないでしょうか。

　全買い目の2・3%しかならない、「人気和15〜22」のゾーンを狙い打てば、当たる割合が48・1%と約2回に1回当たるうえに、回収率は109・5%もある。発売開始前からこうなると読み切って買い続けていれば、利益は1億円を超えます。とはいえ、毎週約243万円の投資が必要になるし、購入時に厳密な人気は分からないので、これはさすがに絵にかいた餅なのかもしれません。とはいえ、これからWIN5で勝負するときにどういう買

い目を組めばいいのか大きな後押しになることは間違いないでしょう。

　表の数字で注意して欲しい点について説明していきます。まず、キャリーオーバーが発生したときは払い戻し金をMAXの6億円として計算しています。そうしたのは大波乱の結果を引き当てたときの跳ね具合を大きくして一発の波乱で全てをひっくり返すくらいのリターンがあるのかを知りたかったです。ただ、やや多めに見積もったのに回収率が低いままなので、穴狙いに固執するのは得策ではなさそう。

　あと、買い目の点数もこれまでの総組み合わせ数の平均が約59万点に対し、約104万点とかなり多い数字で回収率を出しています。詳しい説明は省きますが、的中頻出ゾーンの「人気和30以下」の組み合わせ数は実際より多いものの大きくは変わりません。実際買うときに、無駄目を一切買わずに過不足なく購入するのは不可能で多少のハンドルの遊びが必要で重要だと思うので、ちょっと多めの買い目でもちゃんと期待値を獲得できるのか知りたかったというのもあります。買い目を深爪してしまい、惜しくも大的中を逃すというのがWIN5で一番やってはならないことだと思うので、実戦寄りのアバウトさを意識した数字でこれだけの高回収率が期待できる。

　この原稿を書いている間も、2023年7月2日は人気和17で配当は約307万円。7月9日は人気和18で約827万円と的中頻出ゾーンから好配当の決着が続々と飛び出しています。

　次の課題は、実際にどうやって買い目に落とし込めばいいのか。次章でさらに研究を深めたいと思います。

●ゴールドラッシュゾーンを狙う!

　前項では、WIN5をベタ買いしても回収率がプラスになるゾーンがあると突き止めることができました。この期待値プラ

スのゾーンを「ゴールドラッシュゾーン」と名付けます。その
ゾーンとは、5レースの勝ち馬の人気を足し合わせた「人気和」
が15〜22となる組み合わせのこと。

　この原稿を書いている時点のWIN5の結果を見てみましょ
う。
・6月25日：人気和10で9万9890円
・7月2日：人気和17で307万7600円★
・7月9日：人気和18で827万1490円★
・7月16日：人気和18で4113万6700円★
・7月23日：人気和28で2億1884万7050円
・7月30日：人気和19で365万6700円★
・8月6日：人気和22で202万9470円★
★＝ゴールドラッシュゾーン

　7回中5回が「ゴールドラッシュゾーン」の人気和15〜22の間
で決着し、配当は全て100万円を超えています。最高で4000万
円台の配当もあるのは魅力でしょう。億を超える配当まではカ
バーするのは難しいですが、十分な破壊力を秘めています。一
方、人気和が低い平穏決着になると極端に配当が安くなる。的
中優先でおさえる手もありますが、期待値的にはおいしくな
い。とにかく、これだけ見ているとすでに当たった気になって
くるのではないでしょうか。ただ、最近は「ゴールドラッシュ
ゾーン」の説明をするのにちょうどいい決着が多いのも確かで
す。ただ、それまで2年近く堅い決着が続いていた反動もありそ
うですし、毎週これくらいの払い戻しになっておかしくないポ
テンシャルを秘めた馬券です。

　問題は、この「ゴールドラッシュゾーン」の組み合わせが約
2万4千点もあるということ。ベタ買いでプラスをなるといって
も、なかなか240万円ポンと出せる人はいないでしょうし、試す
となっても購入点数の上限や購入金額の上限があるので、（筆

者は試すお金もないので詳しいことはわかりませんが）買うことだけでもかなり手間のかかる作業になるからです。

しかし、意味がないわけではありません。というのはWIN5の全組み合わせ数から見ると2万4000点というのは2・3%程度。しかも、この全組み合わせの2・3%しかないゾーンの中で決着する割合が48・1%と2回に1回くらいの割合で当たる計算になっている。しかも、ベタ買いした場合の回収率が109・5%と大幅プラスなのです。なので、「ゴールドラッシュゾーン」の中から当たりを探したほうが効率がいいのは間違いない。宝くじに例えるなら2回に1回一等が当たる売り場を自分だけが知っているようなものだし、長蛇の列に並ぶ必要もありません。その売り場で売っているクジを買い占めることは無理だからといって、そこを避けて買うというのは馬鹿げていると思います。

以前、X（旧Twitter）で「期待値プラスの宝くじがあれば買うか？」と質問したら、約8割の人が「買う」という答えだったので、WIN5を期待値プラスの宝くじと考えれば夢と勝算のあるおいしいギャンブルにできるのではないでしょうか。

しかもハッキリいって競馬の知識も必要ない。というのも、筆者が発売以来10年以上もWIN5と向き合い続けているのに一向に攻略の糸口をつかめないからです。馬券本を20冊以上書かせていただいているので競馬の知識に関しては豊富なほうだと思いますし、馬券の実力を証明するのは難しいですが、JRAが主催するオッズマスターズグランプリという馬券大会で9万459人中2位に入った実績もある。なので、必要なのは知識や馬券の実力ではなく、博才ではないでしょうか。具体的にいえば思い切りの良さと決断力。あとは運。どれも筆者に足りないものです。ただ、博才がなくて運もない筆者でも、長く長く付き合い続ければいつか収束する。収束は全員に平等に訪れる。なので、プラスの期待値を積み上げ続ければいつか大きな僥倖

がやってくると信じているのです。

　もちろん競馬の知識や馬券の実力はあって困るものではないでしょうが、知識や経験が足を引っ張ることもあるので、メリットばかりではなくデメリットも多い。

　話は少し逸れてしまいましたが、今回のメインテーマは「ゴールドラッシュゾーン」を使ってどういう風にWIN5を購入するかです。結論を先にいうと、2レースは自力で予想して、残りの3レースを「ゴールドラッシュゾーン」に該当する買い目から選ぶというものです。

　2レース当てるのも難しいといわれるかもしれないですが、これは単勝1倍台の圧倒的な人気馬でいいのです。むしろそういう人気馬が順当に勝ち上がれるレースがどれかを見抜くことが重要です。

　今年の春のGⅠで説明するなら先ほども取り上げた桜花賞、オークスのリバティアイランドや宝塚記念のイクイノックスのような誰もが強さを知っている圧倒的人気馬を信じ抜くことができれば、5レースの内の1枠は埋まります。こういう馬が人気に応えて勝つのか、それとも何かしらのアクシデントなどがあって取りこぼすのかを予測するのに、知識や経験は関係ないと思うからです。むしろ経験豊富なほうが過去の数々の苦い思い出が耳元で囁いてきて思い切りが悪くなるので知識がないほうが有利とさえ思います。あと、こういう最後に圧倒的な人気馬がいるケースは2章でも紹介した単勝リスクヘッジ作戦も有効です。

　ただ、1レースだけだと、残り4レースを総流しした場合の買い目が3〜6万点（約300万〜600万円）近くにもなる。そこから「ゴールドラッシュゾーン」に該当する買い目だけを抽出すると、約5000点と期待値の低い9割近い買い目を削ることができますが、それでも約50万円の投資となるとなかなか簡単にできる

ものではありません。

　なので、**もう1レース自分で予想することで投資額をおさえたい**のです。

　桜花賞の日のWIN5を例に説明したいと思います。桜花賞のリバティアイランドは鉄板として、もうひとレースほど、こういう堅いレースを見つける必要があります。WIN5対象1レース目の中山10R鹿野山特別には単勝1・5倍という圧倒的人気に支持されているキングズパレスがいたので、これが適役ではないでしょうか。この2頭を信じて購入した場合をシミュレーションしてみます。

　1レース目のキングズパレスと最終5レース目のリバティアイランドを1点勝負にしたとして、残り3レースを総流ししたとすると、組み合わせ数は3328点になります。ここから「ゴールドラッシュゾーン」に該当する人気和15〜22の買い目だけを抽出すると877点まで減らすことができます。こんな人気馬を買っていたら高配当は望めないと思わるかもしれません。ただ、対象3レース目の福島11RモルガナイトSでは11番人気のウィズサクセスが勝利し、最終的にWIN5の配当は49万5340円とまずまず。キングズパレスもリバティアイランドも勝利し、5レースの勝ち馬の「人気和」も17と「ゴールドラッシュゾーン」に入っているので的中になります。877点でも簡単に買える点数ではないですが、これだけで40万以上の利益になるのです。もちろん残りの3レースは総流ししている想定なので、買う必要がないと思う馬を切った上で「ゴールドラッシュゾーン」に該当する買い目を抽出すればもっと点数は減らせます。

　ＧⅠで絶対勝つと思っている馬がいるのに配当が安すぎて単勝勝負はできないというときには、WIN5に切り替えて勝負するのもいい手だと思いますし、そういうときが高配当を仕留めるチャンスなのかもしれません。

　あと自分で予想するレースを必ずしも1点に絞る必要はありません。ただ、2頭、3頭と選ぶと点数が多くなりすぎるので、ここではわかりやすさを重視して1頭に絞った場合のみ取り上げています。

　次は、どうやって「ゴールドラッシュゾーン」に該当する買い目を抽出するかです。実はこれも意外と難しい問題なのです。

　選んだ2頭の人気によっても組み合わせ数が変わるので厳密に何点になるかは言えないですが、選んだ2頭がともに1番人気だった場合「ゴールドラッシュゾーン」に該当する点数は908点。ただ、それは最終的に何番人気になるのかわからないと決められないので、多少人気の変動も見込んでハンドルの余裕を作ると1000点近くになるでしょう。しかも、フォーメーション組んでまとめて買うこともできないので、1点1点買い目を打ち込む必要も出てくる。

　「ゴールドラッシュゾーン」に該当する買い目をすぐに見つけることができる早見表を作ったのですが、実際にこれを使って購入することは難しいと思われます（参考資料編に掲載）。じゃあどうすればいいのか？　ここでは以下の2つの方法を紹介させていただきます。

1・競馬データベースソフト「TARGET frontier JV」を使う
2・ものぐさフォーメーション

　まず、1のTARGET frontier JV（ターゲット）を使う方法。ターゲットにはWIN5投票機能がついています。これを使えば、簡単に無駄な買い目を削ることができます。紙幅の関係もあり詳しく触れることはできませんが、簡単に手順を説明します。

（1）「1×1×全×全×全」と軸を選んだレース以外は総流しのフォーメーションを組む

（2）選んだ買い目を平均人気順にソートして並べ変える

（3）平均人気4.4（人気和22と同じ）以下の目を選んで買い目に追加する

（4）選んだ買い目のなかから、人気和14以下の買い目を削除する

　こうすれば、「ゴールドラッシュゾーン」に該当する買い目だけを抽出することができます。

次に、2のものぐさフォーメーションについて説明します。1点1点買い目を打ち込むことはソフトなどを使わないと難しいので、「ゴールドラッシュゾーン」の大半をカバーできるフォーメーションを考えました。

●ものぐさフォーメーション説明図

【1×1】人気和15〜23
【1×2】人気和16〜24
【1×3】人気和17〜25
【2×2】人気和17〜25
【2×3】人気和18〜26

■ものぐさフォーメーション
フォメ1	123×123×10〜16	63通り
フォメ2	123×10〜16×123	63通り
フォメ3	10〜16×123×123	63通り
フォメ4	123×4〜9×4〜9	108通り
フォメ5	4〜9×123×4〜9	108通り
フォメ6	4〜9×4〜9×123	108通り
フォメ7	4〜9×4〜9×4〜9	216通り

3R目	4R目	5R目															
1	1											11	12	13	14	15	16
1	2										10	11	12	13	14	15	16
1	3									9	10	11	12	13	14	15	16
1	4								8	9	10	11	12	13	14	15	16
1	5							7	8	9	10	11	12	13	14	15	
1	6						6	7	8	9	10	11	12	13	14		
1	7					5	6	7	8	9	10	11	12	13			
1	8				4	5	6	7	8	9	10	11	12				
1	9			3	4	5	6	7	8	9	10	11					
1	10		2	3	4	5	6	7	8	9	10						
1	11	1	2	3	4	5	6	7	8	9							
1	12	1	2	3	4	5	6	7	8								
1	13	1	2	3	4	5	6	7									
1	14	1	2	3	4	5	6										
1	15	1	2	3	4	5											
1	16	1	2	3	4												

※これは一部ですが、ゴールドラッシュゾーンの大半をカバーできるように
　組んだのがものぐさフォーメーションです

●ものぐさフォーメーション

★フォーメーション1（63通り）

軸馬1

軸馬2

1、2、3番人気

1、2、3番人気

10〜16番人気

★フォーメーション2（63通り）

軸馬1

軸馬2

1、2、3番人気

10〜16番人気

1、2、3番人気

★フォーメーション3（63通り）

軸馬1

軸馬2

10〜16番人気

1、2、3番人気

1、2、3番人気

★フォーメーション4（108通り）

軸馬1

軸馬2

1、2、3番人気

4〜9番人気

4〜9番人気

```
★フォーメーション5（108通り）
軸馬1
軸馬2
4〜9番人気
1、2、3番人気
4〜9番人気
```

```
★フォーメーション6（108通り）
軸馬1
軸馬2
4〜9番人気
4〜9番人気
1、2、3番人気
```

```
★フォーメーション7（216通り）
軸馬1
軸馬2
4〜9番人気
4〜9番人気
4〜9番人気
```

　7通りあるものぐさフォーメーションをすべて組むと、約1000点ある「ゴールドラッシュゾーン」のうち、人気薄が複数絡む組み合わせを除いた、かなりの部分をカバーできます（早見表の網の部分）。人気サイドの組み合わせでカバーできないのは30点だけ。それでも729点は、かなり多いとは思いますが、機械的に二けた人気の馬も多数購入しているので、おさえる必要もないと思う馬を削っていけばいくらでも点数は絞れます。高確率で宝が眠っているエリアがわかるだけでも利用価値は十分に

あると思います。

　あとは、いつか訪れるはずの収束を待つだけです。筆者は期待値プラスの宝くじを買っていると信じて、買い続けます。人生は運が占めるウエイトが大きいですが、収束は全ての人に平等にやってくる。なので、プラスの期待値を積み上げる行動を続けていれば、収束が大きはご褒美になってくれるでしょう。「情けは人のためならず」などとよく言います。それも期待値プラスの行動の積み重ねのことを言っているのかもしれません。

●人気和採用と投資コストを検証

　どうして「人気和」を採用したのかについて、ここでもう一度詳しく説明してみたいと思います。

　馬券検討する際に重要なのは、費用対効果であることはいうまでもないでしょう。投資に対してどれだけのリターンが期待できるかを計算し、期待値の高い買い目を組むことはもちろんなのですが、予想にかかるコストというのは投資だけではない。予想にかかる手間も実はコストなのです。

　なので、手順が多く予想するのに手間のかかる予想法は、限られた時間でもっとも効率的な選択をしなければならない馬券予想というジャンルに置いては不利だし、面倒臭いことは長く続けるのが難しくなるので実戦的ではない。費用対効果を考えた場合に期待値の低い行為となってしまうのです。

　なので、極力手間のかからない効率重視の方法が望ましい。もっとも効率的で実戦使用に耐えうる精度も兼ね備えていると判断したのが「人気和」だったのです。

　何番人気というファクターならJRAのサイトの出馬表で誰でも簡単に調べることができることができるうえに、5レースぶんの人気を足し合わせるだけなので「人気和」の算出も簡単。

さらに、ターゲットなどの競馬データベースソフトを使えば人気和でソートして買いたいゾーンの買い目を抽出することも可能。ただでさえ予想にも購入にもものすごく手間のかかるWIN5という馬券にも上手く組み込めると思ったのです。

何番人気という人気順よりも何倍といったオッズを使ったほうが精細な予想ができますが、オッズを使う手法は手間の部分で費用対効果が悪いと判断しました。

WIN5の難しい部分に、5レース目の発走の1時間近く前に締め切られてしまうので、最終的なオッズを見て買うことができないという点があります。これに関してはオッズも人気順も変動するので同じですが、オッズのほうが変動による影響が大きい。精細な分析ができる反面、ちょっとした変化が大きなズレになってしまう。さらに、精細な分析をしようと思えば思うほど手間もかかる。精度と手間はどうしてもトレードオフの関係になりがちで、プラスの効果を失わない程度の大雑把さが重要になる。そういう意味でも人気順がちょうどよかったのです。

あと、1番人気の馬は1レースに一頭しかいないが、2倍の馬は2頭いたりするので、人気順だと組み合わせ数が限られるし、数えることができる。オッズでは組み合わせ数を数えることができない。だから、点数計算も難しくなる。

そして、「TARGET frontier JV」などの競馬データベースソフトなどで、すぐに調べたり、ソートしたりできる。小難しい指標を作るよりも、簡単に手に入るもので使い勝手がいいものが「人気和」だったのです。

●ものぐさフォーメーションと期待値

ものぐさフォーメーションをもう少し抽象的に表現すると、以下の7パターンに期待値の高いゾーンがあるということがいえるでしょう。2レースを既に予想し、残りの3レースを自動的に

選ぶ場合という前提を思い出しながら検証してみましょう。

●対象3レースの期待値が上がるパターン7選

・人気×人気×大穴

・人気×大穴×人気

・大穴×人気×人気

・人気×中穴×中穴

・中穴×人気×中穴

・中穴×中穴×人気

・中穴×中穴×中穴

　人気ばかり勝つパターンは期待値的においしくない。大穴馬が2つ、3つ勝つケースも稀だし、モノにできれば凄い配当を手にできるとはいえその確率は限りなく低く、期待値的にも有利ではない。

　こういう考え方を踏まえたうえで、荒れそうなレース、堅そうなレースを自分で判断することで買う必要のないパターンを削ることができる。自分で予想して荒れる可能性が全くないと判断したレースで大穴を含めた買い目をおさえる必要はないので、そうやって不要なパターンを排除していって、自分が一番可能性を感じる1パターンに絞って勝負するというのもありでしょう。そうすればもっと点数も絞ることができて、小資金で戦うことも可能です。

●同じ人気和でも的中率は変わる

　同じ人気和でも的中率に差があるので、出現しやすいパターンを出現しにくいパターンがあることを説明していくことにしましょう。

　これまでの結果からわかっている人気別の勝率は以下のようになります。

●人気馬別勝率

・1番人気勝率：29・6%

・2番人気勝率：18・9%

・3番人気勝率：12・8%

・4番人気勝率：10・2%

・5番人気勝率：7・5%

・11番人気勝率：1・6%

　これを使って人気和15の的中率（出現確率）を出してます。

・1人×1人×1人×1人×11人（人気和15）の場合の的中率
=0.012283%

・1人×2人×3人×4人×5人（人気和15）の場合の的中率
=0.005392%

・3人×3人×3人×3人×3人（人気和15）の場合の的中率
=0.003436%

　同じ人気和15でも1番人気が4勝して、11番人気が1勝する確率のほうが3番人気が5勝する確率よりも高い。ただ、どの目も1点買いしたときの的中率なので限りなくゼロに近いですが、肌感覚的に1、2レースだけ穴馬が勝って高配当になるケースが多いと感じるのは、そういうケースのほうが確率が微妙に高いからなのかもしれません。ただ、配当は的中率に反比例するので、期待値まで考えてどちらが有利かは難しい問題になりますが、配当を押し上げる穴馬を上手く組み込むことが重要なのは共通していると思います。

　また、WIN5はフォーメーションで購入することがほとんどだと思います。ただ、1つのフォーメーションで購入すると無駄な買い目が多くなってしまう難点がある。筆者も複数のフォーメーションに分けて購入するのは手間がかかるので、ついつい楽なほうに逃げたくなってしまいます。ただ、儲けようと思ったら、こういうところで少しでもロスを減らすことが重要。な

ので、フォーメーションのロスの多さについて説明したいと思います。

●1×1×16×16×16の場合

鉄板と思える圧倒的な人気馬が2レースにいて、どちらも人気に応えると判断し、それ以外の3レースで波乱に期待しようと全通り買いしたケースを想定してみます。例えば、買い目が1×1×16×16×16となった場合、点数は4096点になります。この4096点を人気和別に分けてみるとこうなります。

・人気和14以下：220点

・人気和15〜22：908点

・人気和22以上：2968点

4096通りのうち、期待値的に最もおいしい人気和15〜22のゴールドラッシュゾーンは全買い目の4分の1程度しかありません。めったに出現しないうえ、長い目で見ても回収できる見込みの低い人気和31以上の買い目も1000点以上もある。

ひとつのフォーメーションで買うのは簡単ですが、そもそも難易度が高くなかなか当たらないのがWIN5で、しかも知らず知らずのうちに無駄な買い目を買わされていて投資効率も悪い。それが、なかなかうまくいかない理由のひとつと思っています。なので、出現率の低い買い目を極力買わないという意識を持つこともWIN5の攻略においては重要かもしれません。

1〜5番人気の5頭を5レースで購入したケースでも考えてみましょう。

5×5×5×5×5=3125通りにもなるのですが、それを人気和ごとに分類すると以下のようになります。

・人気和5： 1通り・人気和6： 5通り・人気和7： 15通り

・人気和8： 35通り・人気和9： 70通り・人気和10： 121通り

・人気和11： 185通り・人気和12： 255通り・人気和13： 320通り

・人気和14： 365通り・人気和15： 381通り・人気和16： 365通り

・人気和17：320通り ・人気和18：255通り ・人気和19：185通り
・人気和20：121通り ・人気和21：70通り ・人気和22：35通り
・人気和23：15通り ・人気和24：5通り ・人気和25：1通り

　比較的人気のある馬同士の組み合わせしか買っていないので、無駄な目は少なくなりそうですが、それでも1732通りと約半分の目がゴールドラッシュゾーン外となります。

　また、6番人気以下の馬が1頭でも勝つと即ドボン。5番人気以内の馬が勝つ確率は79・0％もあり8割近いのですが、これが5レース連続すると確率となると30・8％まで下がる。パチンコ、パチスロなどの継続率8割は永遠に続くように錯覚していまいますが案外単発で終わることも多いように、なかなか5連チャンさせるのは難しい。ちょっと話がそれてしまいましたが、ひとつのフォーメーションで無駄のない効率の良い買い目を組むのは難しいということがいいたいのです。

●ゴールドラッシュゾーンを検証する

　最後に、ゴールドラッシュゾーンについて、自分なりに検証してみたいと思います。ゴールドラッシュゾーンを端的に説明するなら予想力を必要とせず（ただ、それ以外の能力が必要ですが……）機械的に買い目を出すことができて、的中率48・1％、回収率109・5％という馬券術ということです。驚異的なのは的中率で、2回に1回程度当たるというところ。というのはいくら回収率が高くても的中率が低いと再現性に乏しくなる。それを理解いただくために簡単なシミュレーションをしてみたいと思います。

●回収率110％的中率別シミュレーション

　期待値プラス（回収率110％）の4パターンの馬券術があったと仮定します。

・パターン1は的中率50％（的中時の回収率220％）

・パターン2は的中率20%（的中時の回収率550%）

・パターン3は的中率10%（的中時の回収率1100%）

・パターン4は的中率1%（的中時の回収率11000%）

　1レース100円ずつ賭けて1000レース試行したときに1万円の軍資金がどういう推移を辿るのかシミュレーションしグラフにしてみました。

　的中率1%のパターン4は資金がショートしてしまいました。的中率10%のパータン3も最終的にはプラスにはなっているもののマイナスの期間が長く、右肩上がりで資金が増えるというよりも上振れを引いたときに上手く資金を増やした印象。的中率20%のパターン2は、序盤はプラスを順調に増やしていたのですが、最終的にはプラマイゼロ付近に戻ってしまっています。ただ、的中率50%のパターン1だけは小さな上振れ下振れあるものの、細かく的中を重ねて順調にプラスを積み重ねていっています。

　このシミュレーションからわかるように、的中率が48・1%もあれば期待値に収束させることも容易で、再現性も高いということを理解していただけるのではないでしょうか。

　肝心な期待値に関しては同様の馬券を購入する人が増えて、的中者が増えるとどうしても目減りしてしまうので、こればかりは保証できません。なので、先行者利益が確実に存在する今がチャンスで、指を咥えて見ていたらあっという間にプラスの期待値を刈り取られてしまうかもしれません。

　これは、パリミュチュエル方式の馬券の宿命なので、避けようがありません。

　筆者が気になっているのは的中率の48・1%が本当は上振れではないかということです。過去13年分のデータを検証して出て来た数字なので、上振れではないと思いたいのですが、チャンスが週に1回程度しかないので、十分な試行回数があるとも言い

●ChatGPTによるシミュレーショングラフ

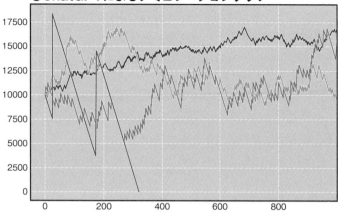

にくいからです。

　筆者の結論としては、上振れではなく、人為的に手心が加えられている可能性のほうが高いと思っていますが、以下の方法で検証してみたいと思います。

●1.1万回（約200年分）のシミュレーションをし可視化
2.過去13年分の結果と比較

　筆者が発見したゴールドラッシュゾーンというのは、WIN5で人気和15〜22の買い目を買うというものでした。人気和とは勝ち馬の人気を足し合わせたもので、1番人気が5レースすべてで勝つと1+1+1+1+1=5となり、3番人気の馬が5勝すると3+3+3+3+3=15となります。これまで行われてきたWIN5の人気和の平均が約18で、この付近の人気和で決着することが最も多かった。そういう出現率の高いゾーンの買い目を全部買ったら回収率はいくらになるのかを実際に計算してみたらその回収率は109・5%もありプラスだったのです。

　ただ、回収率に関しては先にも述べたように変動する可能性があるのでこの先もプラスであり続けるのかは分かりません。

　ただ、人気和15〜22で決着する確率が48.1%もあるというのは馬券購入者の行動によって変化することはない。これが上振れかそうじゃないのかを知りたいのです。

　WIN5対象レースの人気別勝率は分かっているので、それを使って、WIN5を1万回行ったときの人気和の分布をグラフにしたものが次ページのグラフです。

　人気和18付近を頂点（平均）とするベルカーブに近いグラフができました。

　これに、2011年のWIN5発売以降の673回の結果を重ね合わせてみるとこうなります。

　こうやって並べてみると、人気和16〜21のところが1万回のシミュレーションよりも多く出現しているので、上振れしている感は確かにあります。

　ただ、薄いグレーのラインがはみ出ている部分が下振れしているところと考えると、人気馬が5勝するような堅い決着は極力避けたい。人気和の大きい難しい決着になるときは、キャリーオーバーになるか4億、5億といった派手な配当が飛び出して大きなニュースになったほうがいいといったJRAの思惑もあるように思えてきて仕方ありません。多くのケースで人気決着と波乱決着をうまく織り交ぜているので、人気和18前後の決着が多くなっているのではないでしょうか。

　ただ、これまでの結果が上振れだったとしても。人気和15〜22の間で決まる割合は1万回（約200年分）のシミュレーションから推測しても43・7%もある。理論上の的中率も十分に高いので、WIN5を購入するときにはこのゾーンを意識することが重要なのは間違いないでしょう。

　さあ、ここまで色々と書いてきましたが、WIN5はそれだけ的中させがいのあるレースだと思っています。その割に感覚的に予想でアプローチされている方も少なくありません。筆者の

●一万回シュミレーション時 人気和分布図

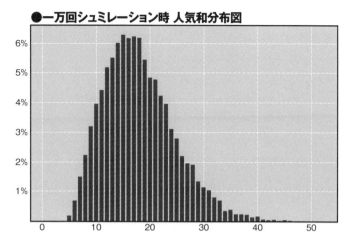

手法が正しいとは思っていませんが、少なくとも攻略のきっか
け、考え方の一助になれば幸いです。

●上図＋全673回出現割合

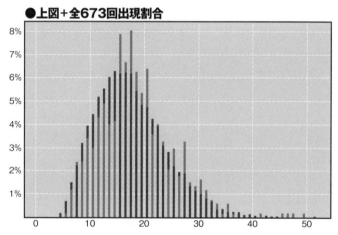

捕捉 資料	〜買い目早見表とものぐさフォーメーション〜

買い目をその場で削減できる!

「WIN5攻略シート」

・2頭決めれば後は人気和に頼るだけ
・買い目を絞るものぐさフォーメーションシート
・673回完全データ付!!

●比較用 (残り3レースを5番人気以内) (5×5×5=125通り)

※2レースは自力で予想し、残り3レースをゴールデンラッシュゾーンに入る目を購入したい場合の早見表 ※例えば【1×1】人気和15は、選んだ2頭が1番人気と1番人気で人気和15の買い目を購入したい場合の組み合わせ ※【1×1】人気和15~23は、選んだ2頭が1番人気と1番人気で人気和15~23までの買い目をすべて購入した場合の組み合わせ

3R目	4R目	5R目		2	4	1
1	1	1		2	4	2
1	1	2		2	4	3
1	1	3		2	4	4
1	1	4		2	4	5
1	1	5		2	5	1
1	2	1		2	5	2
1	2	2		2	5	3
1	2	3		2	5	4
1	2	4		2	5	5
1	2	5		3	1	1
1	3	1		3	1	2
1	3	2		3	1	3
1	3	3		3	1	4
1	3	4		3	1	5
1	3	5		3	2	1
1	4	1		3	2	2
1	4	2		3	2	3
1	4	3		3	2	4
1	4	4		3	2	5
1	4	5		3	3	1
1	5	1		3	3	2
1	5	2		3	3	3
1	5	3		3	3	4
1	5	4		3	3	5
1	5	5		3	4	1
2	1	1		3	4	2
2	1	2		3	4	3
2	1	3		3	4	4
2	1	4		3	4	5
2	1	5		3	5	1
2	2	1		3	5	2
2	2	2		3	5	3
2	2	3		3	5	4
2	2	4		3	5	5
2	2	5		4	1	1
2	3	1		4	1	2
2	3	2		4	1	3
2	3	3		4	1	4
2	3	4		4	1	5
2	3	5		4	2	1

4	2	2
4	2	3
4	2	4
4	2	5
4	3	1
4	3	2
4	3	3
4	3	4
4	3	5
4	4	1
4	4	2
4	4	3
4	4	4
4	4	5
4	5	1
4	5	2
4	5	3
4	5	4
4	5	5
5	1	1
5	1	2
5	1	3
5	1	4
5	1	5
5	2	1
5	2	2
5	2	3
5	2	4
5	2	5
5	3	1
5	3	2
5	3	3
5	3	4
5	3	5
5	4	1
5	4	2
5	4	3
5	4	4
5	4	5
5	5	1
5	5	2

5	5	3
5	5	4
5	5	5

●パターン1 (66通り)

【1×1】人気和15　【1×2】人気和16　【1×3】人気和17　【2×2】人気和17　【2×3】人気和18

3R目	4R目	5R目
1	1	11
1	2	10
1	3	9
1	4	8
1	5	7
1	6	6
1	7	5
1	8	4
1	9	3
1	10	2
1	11	1
2	1	10
2	2	9
2	3	8
2	4	7
2	5	6
2	6	5
2	7	4
2	8	3
2	9	2
2	10	1
3	1	9
3	2	8
3	3	7
3	4	6
3	5	5
3	6	4
3	7	3
3	8	2
3	9	1
4	1	8
4	2	7
4	3	6
4	4	5
4	5	4
4	6	3
4	7	2
4	8	1
5	1	7
5	2	6
5	3	5
5	4	4
5	5	3
5	6	2
5	7	1
6	1	6
6	2	5
6	3	4
6	4	3
6	5	2
6	6	1
7	1	5
7	2	4
7	3	3
7	4	2
7	5	1
8	1	4
8	2	3
8	3	2
8	4	1
9	1	3
9	2	2
9	3	1
10	1	2
10	2	1
11	1	1

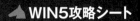

●パターン2（78通り）

【1×1】人気和16　【1×2】人気和17　【1×3】人気和18　【2×2】人気和18　【2×3】人気和19

3R目	4R目	5R目
1	1	12
1	2	11
1	3	10
1	4	9
1	5	8
1	6	7
1	7	6
1	8	5
1	9	4
1	10	3
1	11	2
1	12	1
2	1	11
2	2	10
2	3	9
2	4	8
2	5	7
2	6	6
2	7	5
2	8	4
2	9	3
2	10	2
2	11	1
3	1	10
3	2	9
3	3	8
3	4	7
3	5	6
3	6	5
3	7	4
3	8	3
3	9	2
3	10	1
4	1	9
4	2	8
4	3	7
4	4	6
4	5	5
4	6	4
4	7	3
4	8	2
4	9	1
5	1	8
5	2	7
5	3	6
5	4	5
5	5	4
5	6	3
5	7	2
5	8	1
6	1	7
6	2	6
6	3	5
6	4	4
6	5	3
6	6	2
6	7	1
7	1	6
7	2	5
7	3	4
7	4	3
7	5	2
7	6	1
8	1	5
8	2	4
8	3	3
8	4	2
8	5	1
9	1	4
9	2	3
9	3	2
9	4	1
10	1	3
10	2	2
10	3	1
11	1	2
11	2	1
12	1	1

●パターン3（91通り）

【1×1】人気和17　【1×2】人気和18　【1×3】人気和19　【2×2】人気和19　【2×3】人気和20

3R目	4R目	5R目
1	1	13
1	2	12
1	3	11
1	4	10
1	5	9
1	6	8
1	7	7
1	8	6
1	9	5
1	10	4
1	11	3
1	12	2
1	13	1
2	1	12
2	2	11
2	3	10
2	4	9
2	5	8
2	6	7
2	7	6
2	8	5
2	9	4
2	10	3
2	11	2
2	12	1
3	1	11
3	2	10
3	3	9
3	4	8
3	5	7
3	6	6
3	7	5
3	8	4
3	9	3
3	10	2
3	11	1
4	1	10
4	2	9
4	3	8
4	4	7
4	5	6
4	6	5
4	7	4
4	8	3
4	9	2
4	10	1
5	1	9
5	2	8
5	3	7
5	4	6
5	5	5
5	6	4
5	7	3
5	8	2
5	9	1
6	1	8
6	2	7
6	3	6
6	4	5
6	5	4
6	6	3
6	7	2
6	8	1
7	1	7
7	2	6
7	3	5
7	4	4
7	5	3
7	6	2
7	7	1
8	1	6
8	2	5
8	3	4
8	4	3
8	5	2
8	6	1
9	1	5
9	2	4
9	3	3
9	4	2
9	5	1
10	1	4
10	2	3
10	3	2
10	4	1
11	1	3
11	2	2
11	3	1
12	1	2
12	2	1
13	1	1

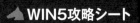

●パターン4（105通り）

【1×1】人気和18　【1×2】人気和19　【1×3】人気和20　【2×2】人気和20　【2×3】人気和21

3R目	4R目	5R目
1	1	14
1	2	13
1	3	12
1	4	11
1	5	10
1	6	9
1	7	8
1	8	7
1	9	6
1	10	5
1	11	4
1	12	3
1	13	2
1	14	1
2	1	13
2	2	12
2	3	11
2	4	10
2	5	9
2	6	8
2	7	7
2	8	6
2	9	5
2	10	4
2	11	3
2	12	2
2	13	1
3	1	12
3	2	11
3	3	10
3	4	9
3	5	8
3	6	7
3	7	6
3	8	5
3	9	4
3	10	3
3	11	2
3	12	1
4	1	11
4	2	10
4	3	9
4	4	8
4	5	7
4	6	6
4	7	5
4	8	4
4	9	3
4	10	2
4	11	1
5	1	10
5	2	9

5	3	8
5	4	7
5	5	6
5	6	5
5	7	4
5	8	3
5	9	2
5	10	1
6	1	9
6	2	8
6	3	7
6	4	6
6	5	5
6	6	4
6	7	3
6	8	2
6	9	1
7	1	8
7	2	7
7	3	6
7	4	5
7	5	4
7	6	3
7	7	2
7	8	1
8	1	7
8	2	6
8	3	5
8	4	4
8	5	3
8	6	2
8	7	1
9	1	6
9	2	5
9	3	4
9	4	3
9	5	2
9	6	1
10	1	5
10	2	4
10	3	3
10	4	2
10	5	1
11	1	4
11	2	3
11	3	2
11	4	1
12	1	3
12	2	2
12	3	1
13	1	2
13	2	1
14	1	1

●パターン5（120通り）

【1×1】人気和19　【1×2】人気和20　【1×3】人気和21　【2×2】人気和21　【2×3】人気和22

3R目	4R目	5R目
1	1	15
1	2	14
1	3	13
1	4	12
1	5	11
1	6	10
1	7	9
1	8	8
1	9	7
1	10	6
1	11	5
1	12	4
1	13	3
1	14	2
1	15	1
2	1	14
2	2	13
2	3	12
2	4	11
2	5	10
2	6	9
2	7	8
2	8	7
2	9	6
2	10	5
2	11	4
2	12	3
2	13	2
2	14	1
3	1	13
3	2	12
3	3	11
3	4	10
3	5	9
3	6	8
3	7	7
3	8	6
3	9	5
3	10	4
3	11	3
3	12	2
3	13	1
4	1	12
4	2	11
4	3	10
4	4	9
4	5	8
4	6	7
4	7	6
4	8	5
4	9	4
4	10	3
4	11	2
4	12	1
5	1	11
5	2	10
5	3	9
5	4	8
5	5	7
5	6	6
5	7	5
5	8	4
5	9	3
5	10	2
5	11	1
6	1	10
6	2	9
6	3	8
6	4	7
6	5	6
6	6	5
6	7	4
6	8	3
6	9	2
6	10	1
7	1	9
7	2	8
7	3	7
7	4	6
7	5	5
7	6	4
7	7	3
7	8	2
7	9	1
8	1	8
8	2	7
8	3	6

8	4	5
8	5	4
8	6	3
8	7	2
8	8	1
9	1	7
9	2	6
9	3	5
9	4	4
9	5	3
9	6	2
9	7	1
10	1	6
10	2	5
10	3	4
10	4	3
10	5	2
10	6	1
11	1	5
11	2	4
11	3	3
11	4	2
11	5	1
12	1	4
12	2	3
12	3	2
12	4	1
13	1	3
13	2	2
13	3	1
14	1	2
14	2	1
15	1	1

●パターン6（136通り）

【1×1】人気和20　【1×2】人気和21　【1×3】人気和22　【2×2】人気和22　【2×3】人気和23

3R目	4R目	5R目
1	1	16
1	2	15
1	3	14
1	4	13
1	5	12
1	6	11
1	7	10
1	8	9
1	9	8
1	10	7
1	11	6
1	12	5
1	13	4
1	14	3
1	15	2
1	16	1
2	1	15
2	2	14
2	3	13
2	4	12
2	5	11
2	6	10
2	7	9
2	8	8
2	9	7
2	10	6
2	11	5
2	12	4
2	13	3
2	14	2
2	15	1
3	1	14
3	2	13
3	3	12
3	4	11
3	5	10
3	6	9
3	7	8
3	8	7
3	9	6
3	10	5
3	11	4
3	12	3
3	13	2
3	14	1
4	1	13
4	2	12
4	3	11
4	4	10
4	5	9
4	6	8
4	7	7
4	8	6
4	9	5
4	10	4
4	11	3
4	12	2
4	13	1
5	1	12
5	2	11
5	3	10
5	4	9
5	5	8
5	6	7
5	7	6
5	8	5
5	9	4
5	10	3
5	11	2
5	12	1
6	1	11
6	2	10
6	3	9
6	4	8
6	5	7
6	6	6
6	7	5
6	8	4
6	9	3
6	10	2
6	11	1
7	1	10
7	2	9
7	3	8
7	4	7
7	5	6
7	6	5

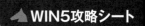

7	7	4
7	8	3
7	9	2
7	10	1
8	1	9
8	2	8
8	3	7
8	4	6
8	5	5
8	6	4
8	7	3
8	8	2
8	9	1
9	1	8
9	2	7
9	3	6
9	4	5
9	5	4
9	6	3
9	7	2
9	8	1
10	1	7
10	2	6
10	3	5
10	4	4
10	5	3
10	6	2
10	7	1
11	1	6
11	2	5
11	3	4
11	4	3
11	5	2
11	6	1
12	1	5
12	2	4
12	3	3
12	4	2
12	5	1
13	1	4
13	2	3
13	3	2
13	4	1
14	1	3

14	2	2
14	3	1
15	1	2
15	2	1
16	1	1

●パターン7（150通り）

【1×1】人気和21　【1×2】人気和22　【1×3】人気和23　【2×2】人気和23　【2×3】人気和24

3R目	4R目	5R目	3R目	4R目	5R目
1	2	16	3	13	3
1	3	15	3	14	2
1	4	14	3	15	1
1	5	13	4	1	14
1	6	12	4	2	13
1	7	11	4	3	12
1	8	10	4	4	11
1	9	9	4	5	10
1	10	8	4	6	9
1	11	7	4	7	8
1	12	6	4	8	7
1	13	5	4	9	6
1	14	4	4	10	5
1	15	3	4	11	4
1	16	2	4	12	3
2	1	16	4	13	2
2	2	15	4	14	1
2	3	14	5	1	13
2	4	13	5	2	12
2	5	12	5	3	11
2	6	11	5	4	10
2	7	10	5	5	9
2	8	9	5	6	8
2	9	8	5	7	7
2	10	7	5	8	6
2	11	6	5	9	5
2	12	5	5	10	4
2	13	4	5	11	3
2	14	3	5	12	2
2	15	2	5	13	1
2	16	1	6	1	12
3	1	15	6	2	11
3	2	14	6	3	10
3	3	13	6	4	9
3	4	12	6	5	8
3	5	11	6	6	7
3	6	10	6	7	6
3	7	9	6	8	5
3	8	8	6	9	4
3	9	7	6	10	3
3	10	6	6	11	2
3	11	5	6	12	1
3	12	4	7	1	11
			7	2	10

7	3	9
7	4	8
7	5	7
7	6	6
7	7	5
7	8	4
7	9	3
7	10	2
7	11	1
8	1	10
8	2	9
8	3	8
8	4	7
8	5	6
8	6	5
8	7	4
8	8	3
8	9	2
8	10	1
9	1	9
9	2	8
9	3	7
9	4	6
9	5	5
9	6	4
9	7	3
9	8	2
9	9	1
10	1	8
10	2	7
10	3	6
10	4	5
10	5	4
10	6	3
10	7	2
10	8	1
11	1	7
11	2	6
11	3	5
11	4	4
11	5	3
11	6	2
11	7	1
12	1	6

12	2	5
12	3	4
12	4	3
12	5	2
12	6	1
13	1	5
13	2	4
13	3	3
13	4	2
13	5	1
14	1	4
14	2	3
14	3	2
14	4	1
15	1	3
15	2	2
15	3	1
16	1	2
16	2	1

●パターン8（162通り）

【1×1】人気和22　【1×2】人気和23　【1×3】人気和24　【2×2】人気和24　【2×3】人気和25

3R目	4R目	5R目	3R目	4R目	5R目
1	3	16	3	15	2
1	4	15	3	16	1
1	5	14	4	1	15
1	6	13	4	2	14
1	7	12	4	3	13
1	8	11	4	4	12
1	9	10	4	5	11
1	10	9	4	6	10
1	11	8	4	7	9
1	12	7	4	8	8
1	13	6	4	9	7
1	14	5	4	10	6
1	15	4	4	11	5
1	16	3	4	12	4
2	2	16	4	13	3
2	3	15	4	14	2
2	4	14	4	15	1
2	5	13	5	1	14
2	6	12	5	2	13
2	7	11	5	3	12
2	8	10	5	4	11
2	9	9	5	5	10
2	10	8	5	6	9
2	11	7	5	7	8
2	12	6	5	8	7
2	13	5	5	9	6
2	14	4	5	10	5
2	15	3	5	11	4
2	16	2	5	12	3
3	1	16	5	13	2
3	2	15	5	14	1
3	3	14	6	1	13
3	4	13	6	2	12
3	5	12	6	3	11
3	6	11	6	4	10
3	7	10	6	5	9
3	8	9	6	6	8
3	9	8	6	7	7
3	10	7	6	8	6
3	11	6	6	9	5
3	12	5	6	10	4
3	13	4	6	11	3
3	14	3	6	12	2
			6	13	1

7	1	12
7	2	11
7	3	10
7	4	9
7	5	8
7	6	7
7	7	6
7	8	5
7	9	4
7	10	3
7	11	2
7	12	1
8	1	11
8	2	10
8	3	9
8	4	8
8	5	7
8	6	6
8	7	5
8	8	4
8	9	3
8	10	2
8	11	1
9	1	10
9	2	9
9	3	8
9	4	7
9	5	6
9	6	5
9	7	4
9	8	3
9	9	2
9	10	1
10	1	9
10	2	8
10	3	7
10	4	6
10	5	5
10	6	4
10	7	3
10	8	2
10	9	1
11	1	8
11	2	7

11	3	6
11	4	5
11	5	4
11	6	3
11	7	2
11	8	1
12	1	7
12	2	6
12	3	5
12	4	4
12	5	3
12	6	2
12	7	1
13	1	6
13	2	5
13	3	4
13	4	3
13	5	2
13	6	1
14	1	5
14	2	4
14	3	3
14	4	2
14	5	1
15	1	4
15	2	3
15	3	2
15	4	1
16	1	3
16	2	2
16	3	1

●パターン9（172通り）
【1×1】人気和23　【1×2】人気和24　【1×3】人気和25　【2×2】人気和25　【2×3】人気和26

3R目	4R目	5R目	4	2	15
1	4	16	4	3	14
1	5	15	4	4	13
1	6	14	4	5	12
1	7	13	4	6	11
1	8	12	4	7	10
1	9	11	4	8	9
1	10	10	4	9	8
1	11	9	4	10	7
1	12	8	4	11	6
1	13	7	4	12	5
1	14	6	4	13	4
1	15	5	4	14	3
1	16	4	4	15	2
2	3	16	4	16	1
2	4	15	5	1	15
2	5	14	5	2	14
2	6	13	5	3	13
2	7	12	5	4	12
2	8	11	5	5	11
2	9	10	5	6	10
2	10	9	5	7	9
2	11	8	5	8	8
2	12	7	5	9	7
2	13	6	5	10	6
2	14	5	5	11	5
2	15	4	5	12	4
2	16	3	5	13	3
3	2	16	5	14	2
3	3	15	5	15	1
3	4	14	6	1	14
3	5	13	6	2	13
3	6	12	6	3	12
3	7	11	6	4	11
3	8	10	6	5	10
3	9	9	6	6	9
3	10	8	6	7	8
3	11	7	6	8	7
3	12	6	6	9	6
3	13	5	6	10	5
3	14	4	6	11	4
3	15	3	6	12	3
3	16	2	6	13	2
4	1	16	6	14	1

7	1	13		10	9	2
7	2	12		10	10	1
7	3	11		11	1	9
7	4	10		11	2	8
7	5	9		11	3	7
7	6	8		11	4	6
7	7	7		11	5	5
7	8	6		11	6	4
7	9	5		11	7	3
7	10	4		11	8	2
7	11	3		11	9	1
7	12	2		12	1	8
7	13	1		12	2	7
8	1	12		12	3	6
8	2	11		12	4	5
8	3	10		12	5	4
8	4	9		12	6	3
8	5	8		12	7	2
8	6	7		12	8	1
8	7	6		13	1	7
8	8	5		13	2	6
8	9	4		13	3	5
8	10	3		13	4	4
8	11	2		13	5	3
8	12	1		13	6	2
9	1	11		13	7	1
9	2	10		14	1	6
9	3	9		14	2	5
9	4	8		14	3	4
9	5	7		14	4	3
9	6	6		14	5	2
9	7	5		14	6	1
9	8	4		15	1	5
9	9	3		15	2	4
9	10	2		15	3	3
9	11	1		15	4	2
10	1	10		15	5	1
10	2	9		16	1	4
10	3	8		16	2	3
10	4	7		16	3	2
10	5	6		16	4	1
10	6	5				
10	7	4				
10	8	3				

●人気和別組み合わせ数&回収率

人気和	組合せ数	出現回数	回収率	人気和	組合せ数	出現回数	回収率
5	1	1	15.2%	38	36170	0	0.0%
6	5	8	64.1%	39	37390	0	0.0%
7	15	16	85.2%	40	38326	0	0.0%
8	35	16	63.4%	41	38960	1	15.1%
9	70	23	68.1%	42	39280	0	0.0%
10	126	20	47.7%	43	39280	0	0.0%
11	210	29	54.5%	44	38960	0	0.0%
12	330	33	81.4%	45	38326	1	18.3%
13	495	27	64.6%	46	37390	1	23.8%
14	715	28	54.9%	47	36170	1	24.6%
15	1001	53	116.5%	48	34690	0	0.0%
16	1365	45	114.5%	49	32980	1	27.0%
17	1820	54	125.4%	50	31076	0	0.0%
18	2380	42	103.8%	51	29020	0	0.0%
19	3060	36	74.4%	52	26860	0	0.0%
20	3876	43	120.5%	53	24640	0	0.0%
21	4840	24	91.6%	54	22400	0	0.0%
22	5960	27	130.0%	55	20176	0	0.0%
23	7240	22	85.2%	56	18000	0	0.0%
24	8680	14	83.4%	57	15900	0	0.0%
25	10276	20	112.9%	58	13900	0	0.0%
26	12020	12	60.9%	59	12020	0	0.0%
27	13900	22	114.8%	60	10276	0	0.0%
28	15900	10	93.7%	61	8680	0	0.0%
29	18000	9	89.8%	62	7240	0	0.0%
30	20176	11	151.2%	63	5960	0	0.0%
31	22400	8	121.9%	64	4840	0	0.0%
32	24640	5	31.4%	65	3876	0	0.0%
33	26860	4	31.9%	66	3060	0	0.0%
34	29020	1	7.5%	67	2380	0	0.0%
35	31076	4	82.5%	68	1820	0	0.0%
36	32980	1	27.0%	69	1365	0	0.0%
37	34690	0	0.0%	70	1001	0	0.0%

人気和	組合せ数	出現回数	回収率
71	715	0	0.0%
72	495	0	0.0%
73	330	0	0.0%
74	210	0	0.0%
75	126	0	0.0%
76	70	0	0.0%
77	35	0	0.0%
78	15	0	0.0%
79	5	0	0.0%
80	1	0	0.0%

※人気和別の組み合わせ数と出現回数と回収率をまとめたもの ※これを活かして自分だけのゴールドラッシュゾーンをつくることもできる ※キャリーオーバー時は配当6億で計算。にも拘らず人気和の大きい買い目の期待値は高くないのがわかる

■ものぐさフォーメーション

■ものぐさフォーメーション

フォメ1	123×123×10～16	63通り
フォメ2	123×10～16×123	63通り
フォメ3	10～16×123×123	63通り
フォメ4	123×4～9×4～9	108通り
フォメ5	4～9×123×4～9	108通り
フォメ6	4～9×4～9×123	108通り
フォメ7	4～9×4～9×4～9	216通り

3R目	4R目	5R目															
		1	2	3	4	5	6	7	8	9	10	11	12	13	14	15	16
1	1											11	12	13	14	15	16
1	2										10	11	12	13	14	15	16
1	3									9	10	11	12	13	14	15	16
1	4								8	9	10	11	12	13	14	15	16
1	5							7	8	9	10	11	12	13	14	15	
1	6						6	7	8	9	10	11	12	13	14		
1	7					5	6	7	8	9	10	11	12	13			
1	8				4	5	6	7	8	9	10	11	12				
1	9			3	4	5	6	7	8	9	10	11					
1	10		2	3	4	5	6	7	8	9	10						
1	11	1	2	3	4	5	6	7	8	9							
1	12	1	2	3	4	5	6	7	8								
1	13	1	2	3	4	5	6	7									
1	14	1	2	3	4	5	6										
1	15	1	2	3	4	5											
1	16	1	2	3	4												
2	1										10	11	12	13	14	15	16
2	2									9	10	11	12	13	14	15	16
2	3								8	9	10	11	12	13	14	15	16
2	4							7	8	9	10	11	12	13	14	15	
2	5						6	7	8	9	10	11	12	13	14		
2	6					5	6	7	8	9	10	11	12	13			
2	7				4	5	6	7	8	9	10	11	12				
2	8			3	4	5	6	7	8	9	10	11					
2	9		2	3	4	5	6	7	8	9	10						
2	10	1	2	3	4	5	6	7	8	9							
2	11	1	2	3	4	5	6	7	8								
2	12	1	2	3	4	5	6	7									
2	13	1	2	3	4	5	6										
2	14	1	2	3	4	5											
2	15	1	2	3	4												
2	16	1	2	3													
3	1									9	10	11	12	13	14	15	16
3	2								8	9	10	11	12	13	14	15	16
3	3							7	8	9	10	11	12	13	14	15	
3	4						6	7	8	9	10	11	12	13	14		
3	5					5	6	7	8	9	10	11	12	13			
3	6				4	5	6	7	8	9	10	11	12				
3	7			3	4	5	6	7	8	9	10	11					
3	8		2	3	4	5	6	7	8	9	10						

3	9	1	2	3	4	5	6	7	8	9							
3	10	1	2	3	4	5	6	7	8								
3	11	1	2	3	4	5	6	7									
3	12	1	2	3	4	5	6										
3	13	1	2	3	4	5											
3	14	1	2	3	4												
3	15	1	2	3													
3	16	1	2														
4	1								8	9	10	11	12	13	14	15	16
4	2							7	8	9	10	11	12	13	14	15	
4	3						6	7	8	9	10	11	12	13	14		
4	4					5	6	7	8	9	10	11	12	13			
4	5				4	5	6	7	8	9	10	11	12				
4	6			3	4	5	6	7	8	9	10	11					
4	7		2	3	4	5	6	7	8	9	10						
4	8	1	2	3	4	5	6	7	8	9							
4	9	1	2	3	4	5	6	7	8								
4	10	1	2	3	4	5	6	7									
4	11	1	2	3	4	5	6										
4	12	1	2	3	4	5											
4	13	1	2	3	4												
4	14	1	2	3													
4	15	1	2														
4	16	1															
5	1							7	8	9	10	11	12	13	14	15	
5	2						6	7	8	9	10	11	12	13	14		
5	3					5	6	7	8	9	10	11	12	13			
5	4				4	5	6	7	8	9	10	11	12				
5	5			3	4	5	6	7	8	9	10	11					
5	6		2	3	4	5	6	7	8	9	10						
5	7	1	2	3	4	5	6	7	8	9							
5	8	1	2	3	4	5	6	7	8								
5	9	1	2	3	4	5	6	7									
5	10	1	2	3	4	5	6										
5	11	1	2	3	4	5											
5	12	1	2	3	4												
5	13	1	2	3													
5	14	1	2														
5	15	1															
6	1						6	7	8	9	10	11	12	13	14		
6	2					5	6	7	8	9	10	11	12	13			
6	3				4	5	6	7	8	9	10	11	12				
6	4			3	4	5	6	7	8	9	10	11					
6	5		2	3	4	5	6	7	8	9	10						
6	6	1	2	3	4	5	6	7	8	9							
6	7	1	2	3	4	5	6	7	8								
6	8	1	2	3	4	5	6	7									

6	9	1	2	3	4	5	6							
6	10	1	2	3	4	5								
6	11	1	2	3	4									
6	12	1	2	3										
6	13	1	2											
6	14	1												
7	1					5	6	7	8	9	10	11	12	13
7	2				4	5	6	7	8	9	10	11	12	
7	3			3	4	5	6	7	8	9	10	11		
7	4		2	3	4	5	6	7	8	9	10			
7	5	1	2	3	4	5	6	7	8	9				
7	6	1	2	3	4	5	6	7	8					
7	7	1	2	3	4	5	6	7						
7	8	1	2	3	4	5	6							
7	9	1	2	3	4	5								
7	10	1	2	3	4									
7	11	1	2	3										
7	12	1	2											
7	13	1												
8	1				4	5	6	7	8	9	10	11	12	
8	2			3	4	5	6	7	8	9	10	11		
8	3		2	3	4	5	6	7	8	9	10			
8	4	1	2	3	4	5	6	7	8	9				
8	5	1	2	3	4	5	6	7	8					
8	6	1	2	3	4	5	6	7						
8	7	1	2	3	4	5	6							
8	8	1	2	3	4	5								
8	9	1	2	3	4									
8	10	1	2	3										
8	11	1	2											
8	12	1												
9	1			3	4	5	6	7	8	9	10	11		
9	2		2	3	4	5	6	7	8	9	10			
9	3	1	2	3	4	5	6	7	8	9				
9	4	1	2	3	4	5	6	7	8					
9	5	1	2	3	4	5	6	7						
9	6	1	2	3	4	5	6							
9	7	1	2	3	4	5								
9	8	1	2	3	4									
9	9	1	2	3										
9	10	1	2											
9	11	1												
10	1		2	3	4	5	6	7	8	9	10			
10	2	1	2	3	4	5	6	7	8	9				
10	3	1	2	3	4	5	6	7	8					
10	4	1	2	3	4	5	6	7						
10	5	1	2	3	4	5	6							

10	6	1	2	3	4	5				
10	7	1	2	3	4					
10	8	1	2	3						
10	9	1	2							
10	10	1								
11	1	1	2	3	4	5	6	7	8	9
11	2	1	2	3	4	5	6	7	8	
11	3	1	2	3	4	5	6	7		
11	4	1	2	3	4	5	6			
11	5	1	2	3	4	5				
11	6	1	2	3	4					
11	7	1	2	3						
11	8	1	2							
11	9	1								
12	1	1	2	3	4	5	6	7	8	
12	2	1	2	3	4	5	6	7		
12	3	1	2	3	4	5	6			
12	4	1	2	3	4	5				
12	5	1	2	3	4					
12	6	1	2	3						
12	7	1	2							
12	8	1								
13	1	1	2	3	4	5	6	7		
13	2	1	2	3	4	5	6			
13	3	1	2	3	4	5				
13	4	1	2	3	4					
13	5	1	2	3						
13	6	1	2							
13	7	1								
14	1	1	2	3	4	5	6			
14	2	1	2	3	4	5				
14	3	1	2	3	4					
14	4	1	2	3						
14	5	1	2							
14	6	1								
15	1	1	2	3	4	5				
15	2	1	2	3	4					
15	3	1	2	3						
15	4	1	2							
15	5	1								
16	1	1	2	3	4					
16	2	1	2	3						
16	3	1	2							
16	4	1								

●2011年4月24日〜2023年7月2日 全673回WIN5結果!

日付	概算売り上げ	配当	的中票数	人気1	人気2	人気3	人気4	人気5	人気和	最高	最低
2011.4.24	7億2793万円	810,280円	663票	3	1	3	3	4	14	1	4
2011.5.1	9億3506万円	2,183,780円	316票	2	2	1	2	7	16	1	7
2011.5.8	8億9303万円	508,690円	1,288票	1	5	2	5	1	12	1	5
2011.5.15	10億5547万円	7,636,650円	102票	5	9	2	6	2	16	1	6
2011.5.22	12億0879万円	146,850,110円	6票	3	7	10	2	7	24	2	10
2011.5.29	12億3799万円	555,070円	1,646票	1	3	1	8	1	12	1	8
2011.6.5	13億0765万円	6,878,430円	136票	3	23	2	4	9	23	2	9
2011.6.12	12億3797万円	130,517,290円	7票	5	27	13	1	1	28	1	13
2011.6.19	12億7873万円	297,610円	3,171票	1	10	5	2	2	11	1	5
2011.6.26	14億4605万円	200,000,000円	3票	4	19	11	1	6	30	1	11
2011.7.3	22億6300万円	19,680円	108,638票	1	26	1	1	2	7	1	2
2011.7.10	14億5542万円	67,131,390円	16票	5	11	6	9	7	33	5	9
2011.7.17	12億7984万円	188,530円	4,932票	6	34	1	1	1	11	1	6
2011.7.24	12億4908万円	15,363,640円	60票	1	35	4	1	15	22	1	15
2011.7.31	11億7482万円	578,400円	1,499票	1	18	1	4	5	14	1	5
2011.8.7	11億7179万円	100,630円	8,594票	1	20	2	1	4	9	1	4
2011.8.14	11億6835万円	1,026,480円	840票	2	42	1	8	2	15	1	8
2011.8.21	12億1473万円	972,310円	922票	3	8	1	6	1	13	1	6
2011.8.28	12億8025万円	277,890円	3,400票	2	24	1	2	5	13	1	5
2011.9.4	11億5557万円	0円	0票	11	62	10	2	4	30	2	11
2011.9.11	28億3275万円	1,008,010円	2,920票	9	12	4	2	2	18	1	9
2011.9.18	12億7126万円	14,433,750円	65票	4	21	8	1	6	20	1	8
2011.9.25	13億9732万円	378,160円	2,727票	4	31	8	1	1	19	1	8
2011.10.2	11億9777万円	163,970円	5,267票	1	30	4	2	3	11	1	4
2011.10.9	11億1656万円	66,800円	12,336票	2	29	5	1	1	11	1	5
2011.10.16	12億0675万円	1,223,330円	728票	6	52	1	5	2	17	1	6
2011.10.23	12億2342万円	34,726,200円	26票	12	53	11	3	1	31	1	12
2011.10.30	10億9846万円	162,131,980円	5票	4	48	12	1	7	27	1	12
2011.11.6	10億0566万円	13,720円	53,509票	1	54	1	3	1	7	1	3
2011.11.13	10億1284万円	192,500円	3,883票	1	84	1	4	1	8	1	4
2011.11.20	9億8306万円	2,191,850円	331票	4	83	1	6	5	17	1	6
2011.11.27	9億8832万円	3,610,780円	202票	2	14	5	2	2	14	2	5
2011.12.4	10億2040万円	44,297,190円	17票	2	25	14	1	1	24	1	14
2011.12.11	9億9497万円	2,128,380円	345票	3	65	2	2	4	17	2	6
2011.12.18	10億4983万円	9,115,030円	85票	1	33	1	2	8	17	1	8
2011.12.25	15億4620万円	1,151,470円	991票	4	28	14	1	1	21	1	14
2012.1.5	7億6268万円	24,472,220円	23票	8	13	9	2	3	24	2	9
2012.1.8	8億9626万円	1,222,630円	541票	2	61	11	1	2	17	1	11
2012.1.15	9億8566万円	14,600円	49,839票	1	55	1	2	1	6	1	2
2012.1.22	10億3400万円	38,154,550円	20票	5	15	8	1	10	26	1	10
2012.1.29	9億4512万円	19,928,530円	35票	1	79	9	2	4	20	1	9
2012.2.5	9億5991万円	223,200円	3,174票	1		1	1	8	13	1	8

158

1人数	2人数	3人数	4人数	5人数	6人以下	平均人気	単勝1	単勝2	単勝3	単勝4	単勝5	最小	最大	オッズ和	組合せ総数
1	0	3	1	0	0	2.8	3.5	6.1	5.5	5.1	10.8	3.5	10.8	31	884,520通り
1	2	0	1	0	1	3.2	16.8	4.7	3	3.5	16.9	3	16.9	44.9	842,400通り
2	1	1	0	1	0	2.4	4.5	3.2	4.6	11.6	4.6	3.2	11.6	28.5	777,600通り
1	2	0	0	1	1	3.2	3.1	13.7	5.9	19.9	4.1	3.1	19.9	46.7	974,848通り
0	2	1	0	0	2	4.8	4.8	6	31.4	4.8	37.2	4.8	37.2	84.2	790,272通り
4	0	0	0	0	0	2.4	2.5	2.9	3.3	18.5	3	2.5	18.5	30.2	583,200通り
0	1	1	1	1	1	4.6	8.3	7.6	4.4	6.9	29.3	4.4	29.3	56.5	299,520通り
2	0	0	0	1	2	5.6	18.4	10.3	97.6	3.5	2.4	2.4	97.6	132.2	777,600通り
2	2	0	0	1	0	2.2	1.7	2.4	12.1	5.6	5.2	1.7	12.1	27	124,800通り
1	0	0	0	0	3	6	28.5	6.2	74.2	2.4	13.6	2.4	74.2	124.9	419,328通り
3	2	0	0	0	0	1.4	4	1.6	2.7	1.5	4.6	1.5	4.6	14.4	264,264通り
0	0	0	0	1	4	6.6	14	8.2	8.9	44.8	17.7	8.2	44.8	93.6	626,688通り
3	1	0	0	0	1	2.2	4.1	9.9	2.2	1.5	3.4	1.5	9.9	21.1	231,660通り
3	0	0	1	0	1	4.4	2.8	1.4	7.6	2.8	343	1.4	343	357.6	368,640通り
2	0	1	1	1	0	2.8	4.5	3.3	1.8	7.6	9.8	1.8	9.8	27	532,224通り
3	1	0	1	0	0	1.8	1.8	2.7	3.8	1.8	9.4	1.8	9.4	19.5	374,400通り
1	3	0	0	0	1	3	4.6	3.9	2.7	17	4.7	2.7	17	32.9	504,000通り
2	1	1	0	0	1	2.6	3	7.2	3	12.4	2.9	2.9	12.4	28.5	438,750通り
1	2	1	0	1	0	2.6	5.5	4.2	1.9	3.9	8.2	1.9	8.2	23.7	251,680通り
0	1	1	1	0	2	6	10.4	68	38	3.9	13.1	3.9	68	133.4	821,340通り
1	2	0	1	0	1	3.6	2.3	23.3	5.2	6.4	3.6	2.3	23.3	40.8	246,960通り
2	0	0	1	0	1	4	3.1	7.8	20.2	2.8	21.8	2.8	21.8	55.7	792,064通り
2	0	0	1	1	1	3.8	8.1	8.2	18.7	1.7	1.4	1.4	18.7	38.1	288,288通り
2	1	1	1	0	0	2.2	1.8	1.4	8.1	4.2	11.2	1.4	11.2	26.7	388,800通り
2	2	0	0	1	0	2.2	4.2	4.3	9.9	1.8	2	1.8	9.9	22.2	166,320通り
2	1	0	0	1	0	2.4	4.9	10.1	1.9	1.6	7.1	1.6	10.1	25.6	181,440通り
1	1	1	0	1	1	3.4	8.2	12.8	3.5	9.6	3.1	3.1	12.8	37.2	1,036,800通り
1	0	1	1	0	2	6.2	7.9	57	27.6	5.5	1.4	1.4	57	99.4	912,384通り
1	0	1	1	0	2	5.4	10.4	7.5	77.7	4	33.3	4	77.7	132.9	1,410,048通り
4	0	1	0	0	0	1.4	1.4	2.9	2.6	6.3	1.6	1.4	6.3	14.8	665,280通り
4	0	0	1	0	0	1.6	2.2	2.6	2.6	13.3	2.7	2.2	13.3	23.4	685,440通り
2	0	0	1	0	1	3.4	3.2	9.3	1.9	17	9.8	1.9	17	41.2	1,213,056通り
0	3	1	0	0	1	2.8	8.6	4.9	14.8	4.8	3.4	3.4	14.8	36.5	665,856通り
2	1	0	0	0	2	4.8	15.4	5.9	114.1	2.3	2	2	114.1	139.7	806,400通り
0	2	1	1	0	1	3.4	15.2	4.8	3.9	3	6.8	3	15.2	33.7	544,320通り
2	1	0	0	0	1	3.4	8	2.1	3.1	8.1	32.6	2.1	32.6	53.9	552,960通り
3	0	0	1	0	1	4.2	1.9	6.2	64.9	1.8	2.2	1.8	64.9	77	425,984通り
0	2	1	0	0	2	4.8	3.8	17.2	27.7	5.7	5.9	3.8	27.7	60.3	786,432通り
2	2	0	0	0	1	3.4	2	3.8	61.1	2.3	4	2	61.1	73.2	524,160通り
4	1	0	0	0	0	1.2	3.5	1.4	3	4.5	1.6	1.4	4.5	14	559,104通り
1	1	0	0	1	2	5.2	4.1	15.4	22.4	1.4	56.4	1.4	56.4	99.7	464,640通り
1	1	0	2	0	1	4	9.9	2.7	32.4	4.4	9.5	2.7	32.4	58.9	675,840通り
3	1	0	0	0	1	2.6	3.9	2.8	2.3	2.1	16.8	2.1	16.8	27.9	465,920通り

日付	概算売り上げ	配当	的中票数	人気1	人気2	人気3	人気4	人気5	人気和	最高	最低
2012.2.12	9億9151万円	1,771,770円	413票	1	1	3	5	2	12	1	5
2012.2.19	10億2158万円	3,458,390円	218票	6	1	2	1	7	17	1	7
2012.2.26	10億3484万円	1,871,850円	408票	4	4	1	4	3	16	1	4
2012.3.4	10億3574万円	14,155,090円	54票	4	2	6	1	9	22	1	9
2012.3.11	9億4385万円	23,218,680円	30票	2	6	6	1	8	23	1	8
2012.3.18	10億7519万円	198,372,040円	4票	5	2	12	3	3	25	2	12
2012.3.25	9億5382万円	11,539,650円	61票	4	4	6	6	2	22	2	6
2012.4.1	9億1164万円	56,065,940円	12票	2	7	3	6	3	21	2	7
2012.4.8	9億4914万円	2,122,620円	330票	1	6	2	7	2	18	1	7
2012.4.15	9億9564万円	10,496,930円	70票	6	11	1	1	4	23	1	11
2012.4.22	8億9463万円	119,250円	5,537票	1	2	1	3	1	8	1	3
2012.4.29	10億8732万円	25,076,420円	32票	3	1	2	2	14	22	1	14
2012.5.6	8億9032万円	5,568,290円	118票	4	5	5	5	1	20	1	5
2012.5.13	8億7011万円	1,202,980円	486票	4	1	3	4	4	16	1	4
2012.5.20	9億3108万円	5,368,240円	128票	3	9	1	4	3	20	1	9
2012.5.27	10億0288万円	795,840円	930票	3	1	5	2	3	14	1	5
2012.6.3	9億1437万円	15,950円	42,312票	1	1	1	1	2	6	1	2
2012.6.10	8億8604万円	407,420円	1,605票	5	1	1	1	1	9	1	5
2012.6.17	9億5857万円	98,440円	7,187票	1	2	2	1	2	8	1	2
2012.6.24	10億5354万円	1,071,950円	633票	5	3	1	5	1	15	1	5
2012.7.1	9億6441万円	3,163,270円	225票	7	4	2	2	2	17	2	7
2012.7.8	10億4696万円	110,379,990円	7票	2	1	3	12	14	32	1	14
2012.7.15	9億5504万円	646,040円	1,091票	1	2	4	1	9	17	1	9
2012.7.22	9億2606万円	953,190円	717票	1	3	1	5	7	17	1	7
2012.7.29	9億1863万円	40,840円	16,601票	1	1	1	2	1	6	1	2
2012.8.5	9億0176万円	419,080円	1,588票	2	2	1	3	2	10	1	3
2012.8.12	9億0031万円	67,750円	9,420票	1	2	1	2	1	7	1	2
2012.8.19	9億5190万円	140,500,840円	5票	8	2	4	8	3	25	2	8
2012.8.26	8億8187万円	38,283,650円	17票	7	7	3	5	3	25	3	7
2012.9.2	8億5830万円	4,557,020円	139票	6	1	6	2	7	22	1	7
2012.9.9	8億0810万円	11,468,840円	52票	6	4	4	6	2	22	2	6
2012.9.16	7億7863万円	298,670円	1,924票	7	1	3	1	2	14	1	7
2012.9.17	6億8193万円	58,750円	8,556票	1	1	4	2	1	9	1	4
2012.9.23	8億2619万円	353,470円	1,725票	6	2	4	1	2	15	1	6
2012.10.7	7億5052万円	211,570円	2,618票	1	1	4	1	1	8	1	4
2012.10.8	6億7690万円	6,843,170円	73票	1	6	7	5	2	21	1	7
2012.10.14	8億7233万円	129,070円	4,988票	1	2	6	5	1	15	1	6
2012.10.21	8億7125万円	7,320円	87,953票	2	1	1	1	1	6	1	2
2012.10.28	8億6470万円	5,064,660円	126票	3	2	5	2	5	17	2	5
2012.11.4	8億5152万円	5,873,100円	107票	3	3	13	2	1	22	1	13
2012.11.11	8億3990万円	188,290円	3,292票	1	1	1	1	7	11	1	7
2012.11.18	8億2143万円	2,590,680円	234票	4	2	1	2	4	13	1	4
2012.11.25	8億8030万円	200,000,000円	2票	18	3	6	5	3	35	3	18

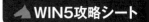
1人数	2人数	3人数	4人数	5人数	6人以下	平均人気	単勝1	単勝2	単勝3	単勝4	単勝5	最小	最大	オッズ和	組合せ総数
2	1	1	0	1	0	2.4	4.2	3.1	9.3	14.5	4.1	3.1	14.5	35.2	291,060通り
2	1	0	0	0	2	3.4	15.4	2.8	4.4	1.7	24.3	1.7	24.3	48.6	917,504通り
1	0	1	3	0	0	3.2	8.5	6.2	2.7	10.2	6.4	2.7	10.2	34	495,616通り
1	1	0	1	0	2	4.4	9.3	3.6	13.7	2.9	29.1	2.9	29.1	58.6	403,920通り
1	1	0	0	0	3	4.6	3.7	16.9	9.6	3.5	17.7	3.5	17.7	51.4	884,736通り
0	1	2	0	1	1	5	15.9	3.9	39.9	13.4	6	3.9	39.9	79.1	338,688通り
0	1	0	2	0	2	4.4	6	10.7	18.3	12.5	3.9	3.9	18.3	51.4	342,144通り
0	1	2	0	0	2	4.2	5.6	33.4	6.7	9	7.3	5.6	33.4	62	559,104通り
1	2	0	0	0	2	3.6	2.4	16.3	4.4	11.2	4.9	2.4	16.3	39.2	838,656通り
2	0	0	1	0	2	4.6	17.6	34.8	2.1	4.6	7.1	2.1	34.8	66.2	774,144通り
3	1	1	0	0	0	1.6	3.6	3.7	2.6	6.9	2.3	2.3	6.9	19.1	995,328通り
1	2	1	0	0	1	4.4	5.8	2	5.2	4.2	159.6	2	159.6	176.8	1,088,640通り
1	0	0	1	3	0	4	7.9	12.2	10.1	8	3.7	3.7	12.2	41.9	570,240通り
1	0	1	3	0	0	3.2	7.2	1.8	6.9	7.6	7.2	1.8	7.6	30.7	1,036,800通り
1	0	2	1	0	1	4	5.5	33.4	3.2	7.7	5.6	3.2	33.4	55.4	1,175,040通り
1	1	2	0	1	0	2.8	5.4	2.1	8.6	3	8.5	2.1	8.6	27.6	748,440通り
4	1	0	0	0	0	1.2	3.1	1.5	1.6	2.5	6.7	1.5	6.7	15.4	301,158通り
4	0	0	0	1	0	1.8	16.1	3.2	2.3	2.6	3.7	2.3	16.1	27.9	487,872通り
2	3	0	0	0	0	1.6	2.8	2.5	6.7	2.3	5.2	2.3	6.7	19.5	279,510通り
2	0	1	0	2	0	3	11.1	5.3	2.6	7.8	3.2	2.6	11.1	30	371,712通り
0	3	0	1	0	1	3.4	18.1	6.7	4	4.5	5.6	4	18.1	38.9	783,360通り
1	1	1	0	0	2	6.4	3.4	2	5	119.2	54.4	2	119.2	184	345,600通り
2	1	0	1	0	1	3.4	2.2	4.2	7.2	1.5	29.2	1.5	29.2	44.3	336,960通り
2	0	1	0	1	1	3.4	2.8	6.8	2.6	7	11.6	2.6	11.6	30.8	829,440通り
4	1	0	0	0	0	1.2	2.1	2.6	2.9	4.8	2.9	2.1	4.8	15.3	483,840通り
1	3	0	0	0	0	2	5.3	5.6	3	7.9	4.6	3	7.9	26.4	561,600通り
3	2	0	0	0	0	1.4	1.8	7.9	2.5	3.1	2.8	1.8	7.9	18.1	294,030通り
0	1	1	1	0	2	5	37.8	4.7	12.4	14.4	13.4	4.7	37.8	82.7	476,280通り
0	0	2	0	1	2	5	15.6	27.2	6.4	10.6	6.3	6.3	27.2	66.1	1,161,216通り
1	1	0	0	0	3	4.4	19.8	2.1	10.6	3.6	14.7	2.1	19.8	50.8	1,165,248通り
0	1	0	2	0	2	4.4	13.6	9.6	7.3	16.5	4.8	4.8	16.5	51.8	655,360通り
2	1	1	0	0	1	2.8	19.1	3	6.9	1.5	2.9	1.5	19.1	33.4	153,600通り
3	1	0	1	0	0	1.8	3.6	2.7	5.3	3.5	2	2	5.3	17.1	440,640通り
1	2	0	1	0	1	3	13.2	5.2	6.4	2.3	3.1	2.3	13.2	30.2	460,800通り
4	0	0	0	1	0	1.6	2.8	2.7	8.9	2.7	3.5	2.7	8.9	20.6	272,160通り
1	1	0	1	0	2	4.2	2.5	11.7	15.2	18.4	3.8	2.5	18.4	51.6	402,688通り
2	1	0	0	1	1	3	1.5	3.4	11.3	8.9	1.3	1.3	11.3	26.4	584,064通り
4	1	0	0	1	0	1.2	2.5	3.5	1.5	2.5	1.4	1.4	3.5	11.4	383,328通り
0	2	1	0	2	0	3.4	5.7	3.5	12.9	4.1	16.6	3.5	16.6	42.8	349,920通り
1	1	2	0	0	1	4.4	4.1	6.9	63.2	3.8	1.4	1.4	63.2	79.4	483,840通り
4	0	0	0	0	1	2.2	2	2.7	2.3	3.1	23	2	23	33.1	688,128通り
1	2	0	2	0	0	2.6	9.3	3.6	4.9	4.7	10.5	3.6	10.5	33	506,880通り
0	0	2	0	1	2	7	397.4	4.4	9.8	10	6.6	4.4	397.4	428.2	514,080通り

日付	概算売り上げ	配当	的中票数	人気1	人気2	人気3	人気4	人気5	人気和	最高	最低
2012.12.2	12億7374万円	3,978,890円	299票	4	1	1	3	6	15	1	6
2012.12.9	8億1555万円	200,000,000円	1票	9	4	4	9	5	31	4	9
2012.12.16	11億5417万円	86,610,770円	11票	2	8	7	4	6	27	2	8
2012.12.23	11億3973万円	3,660,090円	162票	2	5	1	7	1	16	1	7
2012.12.24	9億2376万円	37,752,700円	18票	7	2	3	5	5	22	2	7
2013.1.5	6億9336万円	265,000円	1,931票	2	1	3	2	1	9	1	3
2013.1.6	8億1852万円	7,550,890円	80票	4	1	1	13	1	20	1	13
2013.1.13	7億3476万円	384,580円	1,410票	1	2	1	1	10	15	1	10
2013.1.20	7億8825万円	17,109,630円	34票	7	4	4	3	6	24	3	7
2013.1.27	8億2598万円	314,700円	1,937票	1	2	2	2	5	12	1	5
2013.2.3	8億3868万円	193,670円	3,196票	2	2	3	6	2	15	2	6
2013.2.10	7億9941万円	1,151,900円	509票	3	4	1	6	4	18	1	6
2013.2.17	8億0731万円	549,120円	1,085票	1	2	6	1	3	13	1	6
2013.2.24	8億4473万円	356,850円	1,747票	2	5	1	1	2	11	1	5
2013.3.3	8億4968万円	8,473,880円	74票	4	4	4	3	6	21	3	6
2013.3.10	8億2294万円	2,123,540円	286票	1	11	2	3	6	23	1	11
2013.3.17	8億7681万円	5,626,850円	115票	8	2	3	1	1	15	1	8
2013.3.24	9億2259万円	1,359,030円	501票	2	4	10	2	1	19	1	10
2013.3.31	8億9354万円	635,910円	1,037票	9	2	1	1	5	18	1	9
2013.4.7	8億2971万円	76,540,940円	8票	5	5	3	4	7	24	3	7
2013.4.14	7億9517万円	6,668,600円	88票	9	2	4	3	1	19	1	9
2013.4.28	9億0598万円	133,722,760円	5票	3	4	15	3	2	27	2	15
2013.5.5	7億2646万円	0円	0票	5	9	6	6	10	36	5	10
2013.5.12	17億0471万円	114,070円	15,730票	1	5	1	1	1	9	1	5
2013.5.19	8億4394万円	1,030,170円	602票	1	3	4	1	9	18	1	9
2013.5.26	8億6286万円	35,377,470円	18票	6	2	2	16	1	27	1	16
2013.6.2	7億3267万円	316,580円	1,708票	1	2	9	2	1	15	1	9
2013.6.9	6億9743万円	1,490,820円	344票	1	2	1	7	4	15	1	7
2013.6.16	7億1837万円	2,548,830円	208票	5	1	6	1	3	16	1	6
2013.6.23	9億0877万円	26,154,770円	24票	4	7	8	3	2	24	2	8
2013.6.30	7億1977万円	1,753,100円	303票	2	2	2	1	8	15	1	8
2013.7.7	7億0249万円	1,064,560円	487票	4	4	1	2	1	12	1	4
2013.7.14	7億0406万円	483,800円	1,074票	2	4	3	4	2	15	2	4
2013.7.21	6億8420万円	586,460円	861票	1	1	1	5	9	17	1	9
2013.7.28	7億2326万円	44,320円	12,045票	3	1	1	1	1	7	1	3
2013.8.4	6億9593万円	8,024,990円	64票	2	1	8	3	1	15	1	8
2013.8.11	7億1420万円	106,870円	4,932票	1	3	2	1	4	11	1	4
2013.8.18	7億1733万円	8,993,220円	54票	7	1	2	6	4	20	1	7
2013.8.25	6億9798万円	926,150円	552票	4	4	4	5	1	18	1	5
2013.9.1	7億0229万円	129,371,980円	4票	3	2	11	2	10	28	2	11
2013.9.8	6億8611万円	14,467,050円	35票	5	2	10	2	3	22	2	10
2013.9.15	6億0708万円	4,923,330円	91票	6	2	1	1	7	17	1	7
2013.9.17	4億3116万円	2,429,010円	131票	3	4	8	1	3	19	1	8

1人数	2人数	3人数	4人数	5人数	6人以下	平均人気	単勝1	単勝2	単勝3	単勝4	単勝5	最小	最大	オッズ和	組合せ総数
2	0	1	1	0	1	3	7.2	2.7	4.9	7.5	19.9	2.7	19.9	42.2	718,080通り
0	0	0	2	1	2	6.2	36.1	8	6.4	24	8.1	6.4	36.1	82.6	628,992通り
0	1	0	1	0	3	5.4	4.6	24.1	34.5	7.8	13.8	4.6	34.5	84.8	512,512通り
2	1	0	0	1	1	3.2	5.3	20.5	1.8	12.8	2.7	1.8	20.5	43.1	917,504通り
0	1	1	0	2	1	4.4	22	6.9	7.9	10.4	7.5	6.9	22	54.7	829,440通り
2	2	1	0	0	0	1.8	4.5	3.3	8.4	4.4	3.6	3.3	8.4	24.2	737,280通り
3	0	0	1	0	1	4	11.4	2.7	2.9	53.4	3.5	2.7	53.4	73.9	860,160通り
3	1	0	0	0	1	3	1.4	3.8	4.3	4.2	22.8	1.4	22.8	36.5	786,432通り
0	0	1	2	0	2	4.8	10.8	7.5	6.6	6	15.8	6	15.8	46.7	439,296通り
1	3	0	1	0	1	2.4	3.5	3	3.3	5.4	12:8	3	12.8	28	366,080通り
0	3	1	0	0	1	3	2.9	2.7	4.7	8.3	5.1	2.7	8.3	23.7	161,280通り
1	0	1	2	0	1	3.6	6	8.4	1.5	9.2	5.6	1.5	9.2	30.7	290,400通り
2	1	1	0	0	1	2.6	2.4	4.7	10.6	3.8	6.7	2.4	10.6	28.2	585,728通り
2	2	0	0	1	0	2.2	2.7	11.9	2.6	1.6	4.5	1.6	11.9	23.3	514,800通り
0	0	1	3	0	1	4.2	6.1	6.5	10.2	5.6	19.8	5.6	19.8	48.2	638,976通り
1	1	1	0	0	2	4.6	1.5	24.1	4.8	4.4	12.7	1.5	24.1	47.5	958,464通り
2	1	1	0	0	1	3	49.5	6.2	7.4	1.1	3.4	1.1	49.5	67.6	442,368通り
1	2	0	1	0	1	3.8	3.4	9.9	25.2	4.1	1.3	1.3	25.2	43.9	538,560通り
2	1	0	0	1	1	3.6	17	5.3	2.8	1.2	9.2	1.2	17	35.5	860,160通り
0	0	1	1	2	1	4.8	9.9	10.7	6.4	11.1	18	6.4	18	56.1	778,752通り
1	1	1	1	0	0	3.8	23.5	4.8	8.3	6.7	3.7	3.7	23.5	47	884,736通り
0	1	2	1	0	1	5.4	4.8	7.9	65.6	6.9	6.2	4.8	65.6	91.4	1,105,920通り
0	0	0	0	1	4	7.2	14.7	32.9	12.2	14	34.3	12.2	34.3	108.1	959,616通り
4	0	0	0	1	0	1.8	1.8	8.9	4.1	2.6	3.1	1.8	8.9	20.5	1,105,920通り
2	0	1	1	0	1	3.6	2.6	4.6	7.3	1.9	28.5	1.9	28.5	44.9	1,244,160通り
1	2	0	0	0	2	5.4	13.7	5	3	135.7	2.9	2.9	135.7	160.3	1,306,368通り
2	2	0	0	0	1	3	1.9	3.4	18.9	3.9	4	1.9	18.9	32.1	846,720通り
2	1	0	1	0	1	3	2.7	7.9	3.9	12.4	6.8	2.7	12.4	33.7	846,720通り
2	0	1	0	1	1	3.2	11.1	2.9	18	2.9	6.9	2.9	18	41.8	898,560通り
0	1	1	1	0	2	4.8	5.4	26	43.9	7.5	2.9	2.9	43.9	85.7	327,184通り
1	3	0	0	0	1	3	4.3	4.1	3.6	3.6	22.8	3.6	22.8	38.4	645,120通り
2	1	0	2	0	0	2.4	7.9	8.5	2.4	5.9	4	2.4	8.5	28.7	638,976通り
0	2	1	2	0	0	3	3.1	5.5	4.8	7.7	5	3.1	7.7	26.1	917,504通り
3	0	0	0	1	1	3.4	3.3	2.5	2.1	11.9	14.6	2.1	14.6	34.4	860,160通り
4	0	1	0	1	0	1.4	5.5	3.3	2.7	1.8	2.1	1.8	5.5	15.4	207,360通り
2	1	1	0	0	0	3	3.8	3.5	52.5	6.9	3.3	3.3	52.5	70	535,500通り
2	1	1	0	0	0	2.2	1.4	5.7	3.1	3.7	7.8	1.4	7.8	21.7	518,400通り
1	1	0	1	0	2	4	22	3.2	3.4	10.2	7.5	3.2	22	46.3	505,440通り
1	0	0	3	1	0	3.6	8.6	6.8	5.2	7.7	2.6	2.6	8.6	30.9	839,808通り
0	2	1	0	0	2	5.6	6.8	5.1	34.1	4.6	65.3	4.6	65.3	115.9	611,520通り
0	2	1	0	1	1	4.4	7.4	5.1	47.6	4.4	5.4	4.4	47.6	69.9	489,216通り
2	1	0	0	0	2	3.4	18.5	3.5	2.4	3.8	18.9	2.4	18.9	47.1	387,072通り
1	0	2	1	0	1	3.8	5.2	5	33.3	2.5	6.2	2.5	33.3	52.2	252,000通り

日付	概算売り上げ	配当	的中票数	人気1	人気2	人気3	人気4	人気5	人気和	最高	最低
2013.9.22	6億8102万円	959,150円	524票	5	1	1	1	9	17	1	9
2013.9.29	7億4401万円	2,731,750円	201票	1	1	3	13	1	19	1	13
2013.10.6	7億8355万円	200,000,000円	1票	4	6	6	11	4	31	4	11
2013.10.13	10億8204万円	418,200円	2,814票	1	1	1	6	3	12	1	6
2013.10.14	6億4519万円	289,460円	1,645票	1	3	1	2	4	11	1	4
2013.10.20	7億9450万円	29,450円	19,911票	1	2	2	1	1	7	1	2
2013.10.27	7億9532万円	1,552,770円	378票	3	1	1	4	5	14	1	5
2013.11.3	7億3070万円	15,860,480円	34票	1	9	6	7	2	25	1	9
2013.11.10	6億7058万円	9,517,140円	52票	11	1	6	1	2	21	1	11
2013.11.17	6億6812万円	97,220円	5,072票	1	1	3	2	2	9	1	3
2013.11.24	7億3853万円	160,780円	3,390票	3	2	5	1	1	12	1	5
2013.12.1	6億8527万円	4,111,630円	123票	3	11	2	1	3	20	1	11
2013.12.8	6億9528万円	546,460円	939票	1	1	6	1	5	14	1	6
2013.12.15	7億2216万円	7,202,070円	74票	1	6	4	2	5	18	1	6
2013.12.22	9億8309万円	3,879,790円	187票	15	4	1	7	1	28	1	15
2013.12.23	7億1780万円	236,180円	2,243票	1	2	8	1	2	14	1	8
2014.1.5	6億8805万円	6,117,840円	83票	3	1	1	5	6	16	1	6
2014.1.12	6億6073万円	44,329,120円	11票	11	9	3	3	1	27	1	11
2014.1.13	5億5174万円	3,084,750円	132票	4	4	8	1	1	18	1	8
2014.1.19	6億5313万円	825,360円	584票	2	4	7	5	2	20	2	7
2014.1.26	7億1906万円	32,090円	16,539票	1	3	1	2	1	8	1	3
2014.2.2	7億1708万円	6,363,300円	83票	3	1	10	2	4	20	1	10
2014.2.23	6億3904万円	12,719,950円	37票	3	1	1	1	16	22	1	16
2014.3.2	6億2456万円	200,000,000円	1票	11	2	14	2	2	31	2	14
2014.3.9	11億2940万円	2,456,090円	438票	1	1	13	1	1	17	1	13
2014.3.16	6億5873万円	10,128,010円	48票	2	3	13	2	1	21	1	13
2014.3.21	4億1528万円	200,000,000円	1票	2	8	6	3	3	22	2	8
2014.3.23	9億7586万円	74,650円	11,075票	1	2	2	1	3	9	1	3
2014.3.30	7億2050万円	1,266,020円	420票	3	4	2	3	3	15	2	4
2014.4.6	7億3989万円	27,302,120円	20票	7	7	8	2	4	28	2	8
2014.4.13	7億8921万円	854,020円	682票	7	7	1	2	1	18	1	7
2014.4.20	6億9027万円	3,396,160円	150票	5	3	2	7	2	19	2	7
2014.4.27	6億8717万円	72,447,510円	7票	7	6	8	3	4	28	3	8
2014.5.4	7億1797万円	3,230,870円	164票	1	7	3	7	4	22	1	7
2014.5.11	6億4792万円	81,760円	5,849票	3	2	3	1	1	10	1	3
2014.5.18	5億9405万円	146,136,380円	3票	9	7	6	1	11	34	1	11
2014.5.25	6億9527万円	8,725,390円	58票	2	4	2	8	2	18	2	8
2014.6.1	7億4184万円	182,493,460円	3票	4	15	4	1	3	27	1	15
2014.6.8	6億8831万円	158,540円	3,039票	2	1	4	3	1	11	1	4
2014.6.15	6億5565万円	1,514,690円	303票	3	6	5	1	2	17	1	6
2014.6.22	7億5763万円	8,286,550円	64票	1	1	8	3	3	16	1	8
2014.6.29	7億7744万円	108,842,250円	5票	12	7	7	1	1	28	1	12
2014.7.6	6億7162万円	1,270,620円	370票	2	1	3	4	5	15	1	5

1人数	2人数	3人数	4人数	5人数	6人以下	平均人気	単勝1	単勝2	単勝3	単勝4	単勝5	最小	最大	オッズ和	組合せ総数
3	0	0	0	1	1	3.4	9.6	3	2.3	1.4	38	1.4	38	54.3	658,944通り
3	0	1	0	0	1	3.8	2	3.2	4.5	81.5	1.3	1.3	81.5	92.5	1,114,112通り
0	0	0	2	0	3	6.2	5.5	10	12.3	166.2	7.9	5.5	166.2	201.9	437,580通り
3	0	1	0	0	1	2.4	1.8	2.8	1.7	16.5	5.2	1.7	16.5	28	299,376通り
2	1	1	1	0	0	2.2	2.5	4.1	4.9	5.2	6.8	2.5	6.8	23.5	407,680通り
3	2	0	0	0	0	1.4	2.8	4.3	5.1	2.8	1.6	1.6	5.1	16.6	486,000通り
2	0	1	1	1	0	2.8	6.1	3.1	4	7.5	15.5	3.1	15.5	36.2	533,120通り
1	1	0	0	0	3	5	1.7	37.5	13.6	12.7	4.2	1.7	37.5	69.7	663,552通り
2	1	0	0	0	2	4.2	28.3	4.5	12.8	3.5	3.9	3.5	28.3	53	1,244,160通り
2	2	1	0	0	0	1.8	2.6	1.8	8	4	4.7	1.8	8	21.1	898,560通り
2	1	0	0	1	0	2.4	6.3	4.4	9.5	1.4	2.1	1.4	9.5	23.7	827,424通り
1	1	2	0	0	1	4	5	28	3.7	4.4	8.4	3.7	28	49.5	829,440通り
3	0	0	0	1	1	2.8	1.5	3.4	11.2	2.9	14.6	1.5	14.6	33.6	518,400通り
1	1	0	1	1	1	3.6	3.4	13.8	8.7	6.3	8.4	3.4	13.8	40.6	337,920通り
2	0	0	1	0	2	5.6	38.4	7.8	2.8	10	1.6	1.6	38.4	60.6	1,048,576通り
2	2	0	0	0	1	2.8	2.5	3.5	15.4	1.7	4	1.7	15.4	27.1	1,032,192通り
2	0	1	0	1	1	3.2	9.2	3.1	4.5	9.5	10.1	3.1	10.1	36.4	399,360通り
1	0	2	0	0	2	5.4	49.4	19.9	5.9	5.6	1.6	1.6	49.4	82.4	692,224通り
2	0	0	2	0	1	3.6	7.4	5.6	25.6	4.4	1.7	1.7	25.6	44.7	786,432通り
0	2	0	1	1	1	4	3.6	5.9	11.3	7.3	3.2	3.2	11.3	31.3	838,656通り
3	1	1	0	0	0	1.6	2.7	5.6	1.6	5.7	2.2	1.6	5.7	17.8	720,896通り
1	1	1	0	0	1	4	8.7	1.7	25.4	5.2	7.5	1.7	25.4	48.5	675,840通り
3	0	1	0	0	1	4.4	5.1	3.6	2.7	3.6	272.1	2.7	272.1	287.1	645,120通り
0	3	0	0	0	2	6.2	75.4	4.4	38.6	4.8	5.3	4.4	75.4	128.5	799,680通り
4	0	0	0	0	1	3.4	4.2	1.8	106.2	2.6	1.6	1.6	106.2	116.4	425,880通り
1	2	1	0	0	1	4.2	4.5	5.5	34.6	5.6	4.5	4.5	34.6	54.7	1,179,648通り
0	1	2	0	0	2	4.4	3.4	41.5	16.1	6.8	6.8	3.4	41.5	74.6	1,048,576通り
2	2	1	0	0	0	1.8	1.6	3.5	6.7	1.7	5.6	1.6	6.7	19.1	449,280通り
0	1	3	1	0	0	3	5.5	6.2	4.2	8.3	7.7	4.2	8.3	31.9	746,496通り
1	0	1	0	0	3	5.6	18.3	15.1	19.8	2.4	6.9	2.4	19.8	62.5	237,952通り
2	1	0	0	0	2	3.6	12.5	17.7	2.7	5.4	1.2	1.2	17.7	39.5	1,010,880通り
0	2	1	0	1	1	3.8	7.6	5.9	4.3	16.1	5.1	4.3	16.1	39	709,632通り
0	0	1	1	0	3	5.6	21.4	9.4	23.7	6.4	9.1	6.4	23.7	70	811,008通り
1	0	1	1	0	2	4.4	1.5	13.3	6.3	14.7	11.5	1.5	14.7	47.3	1,105,920通り
2	1	2	0	0	0	2	5.1	4.2	5	3.8	1.9	1.9	5.1	20	943,488通り
1	0	0	0	0	4	6.8	17.8	11.9	10.8	3.5	28.3	3.5	28.3	72.3	774,144通り
0	3	0	1	0	1	3.6	3.9	6.6	6.3	17.7	9.8	3.9	17.7	44.3	504,504通り
1	0	1	2	0	1	5.4	9.3	115.8	8.7	3	5.6	3	115.8	142.4	477,360通り
2	1	1	1	0	0	2.2	4.2	2.4	8.7	6.5	1.7	1.7	8.7	23.5	347,633通り
1	1	1	0	1	1	3.4	4.6	14.8	7.3	3.3	4.3	3.3	14.8	34.3	1,096,704通り
2	0	2	0	0	1	3.2	2.5	3.2	35.9	4.1	13.1	2.5	35.9	58.8	354,816通り
2	0	0	0	0	3	5.6	60.7	18.2	14.1	5.9	2.7	2.7	60.7	101.6	292,032通り
1	1	1	1	1	0	3	3.3	1.7	6	9.5	9.8	1.7	9.8	30.3	384,000通り

日付	概算売り上げ	配当	的中票数	人気1	人気2	人気3	人気4	人気5	人気和	最高	最低
2014.7.13	6億6911万円	3,021,760円	155票	7	4	1	1	5	18	1	7
2014.7.20	6億2612万円	950,710円	461票	3	3	2	2	3	13	2	3
2014.7.27	6億8149万円	7,554,610円	63票	4	1	3	7	5	20	1	7
2014.8.3	6億7070万円	8,732,040円	53票	3	5	2	7	1	18	1	7
2014.8.10	6億4946万円	8,216,980円	55票	4	12	1	3	1	21	1	12
2014.8.17	6億3963万円	4,926,830円	90票	5	2	4	2	4	17	2	5
2014.8.24	7億2964万円	1,708,180円	299票	1	6	2	8	1	18	1	8
2014.8.31	6億6690万円	18,673,190円	25票	5	9	3	2	3	22	2	9
2014.9.7	6億5019万円	0円	0票	11	7	1	15	1	35	1	15
2014.9.14	15億7974万円	1,238,270円	1,223票	3	2	4	4	2	15	2	4
2014.9.21	8億5501万円	4,788,030円	125票	1	5	10	2	1	19	1	10
2014.9.28	8億4354万円	9,841,350円	60票	4	1	14	1	2	22	1	14
2014.10.5	6億8570万円	3,779,450円	127票	1	2	5	3	13	24	1	13
2014.10.12	6億6437万円	232,531,180円	2票	7	1	1	13	8	30	1	13
2014.10.19	7億7242万円	164,060円	3,287票	1	1	2	1	3	8	1	3
2014.10.26	7億6881万円	31,656,790円	17票	6	1	3	9	3	22	1	9
2014.11.2	7億3159万円	387,370円	1,322票	2	2	4	1	5	14	1	5
2014.11.9	6億4603万円	324,170円	1,395票	1	3	1	2	2	9	1	3
2014.11.16	6億7535万円	20,554,060円	23票	1	4	6	13	3	27	1	13
2014.11.23	5億8805万円	0円	0票	4	11	16	10	8	49	4	16
2014.11.24	11億4969万円	1,541,710円	789票	4	2	2	4	3	15	2	4
2014.11.30	7億1809万円	125,665,940円	4票	8	7	2	4	5	26	2	8
2014.12.7	6億5830万円	15,360,370円	30票	4	4	9	2	1	20	1	9
2014.12.14	6億4084万円	26,840,180円	16票	1	3	12	6	5	27	1	12
2014.12.21	6億8145万円	368,350円	1,295票	4	5	1	1	1	12	1	5
2014.12.28	9億7144万円	4,444,500円	153票	7	1	2	3	4	17	1	7
2015.1.4	6億7037万円	631,570円	743票	2	1	3	4	5	15	1	5
2015.1.11	6億3422万円	16,442,740円	27票	3	9	2	7	2	23	2	9
2015.1.12	5億5311万円	700,140円	553票	1	2	2	11	1	17	1	11
2015.1.18	6億4408万円	3,364,600円	134票	2	2	5	3	6	18	2	6
2015.1.25	7億7799万円	4,576,420円	119票	1	1	1	4	10	17	1	10
2015.2.1	6億9211万円	273,090円	1,774票	1	2	6	2	1	12	1	6
2015.2.8	7億0289万円	537,140円	916票	5	4	2	1	3	15	1	5
2015.2.15	8億3485万円	16,697,080円	35票	3	4	7	3	3	20	3	7
2015.2.22	6億8364万円	55,930円	8,555票	1	1	3	3	1	9	1	3
2015.3.1	7億0438万円	4,482,430円	110票	1	6	7	2	3	19	1	7
2015.3.8	6億5142万円	2,547,460円	179票	2	3	3	6	2	16	2	6
2015.3.15	6億7374万円	390,410円	1,208票	3	3	2	1	3	12	1	3
2015.3.22	7億7797万円	491,940円	1,107票	1	3	2	1	5	12	1	5
2015.3.29	7億1846万円	5,184,790円	97票	5	5	3	6	4	23	3	6
2015.4.5	7億5708万円	636,960円	832票	2	3	1	4	1	11	1	4
2015.4.12	7億9079万円	11,296,970円	49票	1	8	2	5	5	21	1	8
2015.4.19	7億3125万円	189,300円	2,702票	1	1	6	1	3	12	1	6

1人数	2人数	3人数	4人数	5人数	6人以下	平均人気	単勝1	単勝2	単勝3	単勝4	単勝5	最小	最大	オッズ和	組合せ総数
2	0	0	1	1	1	3.6	14.7	7.2	3.2	1.9	12	1.9	14.7	39	585,728通り
0	2	3	0	0	0	2.6	7	6	7.1	3.6	6.3	3.6	7.1	30	851,968通り
1	0	1	1	1	1	4	13.8	1.7	5.2	15.2	13.6	1.7	15.2	49.5	748,800通り
1	1	1	0	1	1	3.6	4.8	11.4	5.2	19.3	3.5	3.5	19.3	44.2	483,840通り
2	0	1	1	0	1	4.2	10.6	53	1.5	4.9	3.3	1.5	53	73.3	388,080通り
0	2	0	2	1	0	3.4	8.8	5.2	8.7	4.7	10.6	4.7	10.6	38	645,120通り
2	1	0	0	0	2	3.6	1.9	10.8	3.7	18.9	3.1	1.9	18.9	38.4	665,280通り
0	1	2	0	1	1	4.4	9.1	46	6.4	5.3	4.1	4.1	46	70.9	822,528通り
2	0	0	0	0	3	7	35.2	17.3	3.8	120.2	4.6	3.8	120.2	181.1	891,072通り
0	2	1	2	0	0	3	4.5	3.9	6.9	7.8	4.9	3.9	7.8	28	189,000通り
2	1	0	0	1	1	3.8	2.6	12.2	138	2.5	1.4	1.4	138	156.7	605,880通り
2	1	0	1	0	0	4.4	9	1.4	294.3	1.6	7.2	1.4	294.3	313.5	483,840通り
1	1	1	0	1	1	4.8	2.7	3.4	10.1	5.8	46.5	2.7	46.5	68.5	454,896通り
2	0	0	0	0	3	6	19.6	2.4	3.3	94.8	13.1	2.4	94.8	133.2	506,880通り
3	1	1	0	0	0	1.6	2.9	2.8	5.6	1.4	10.1	1.4	10.1	22.8	326,400通り
1	0	2	0	0	2	4.4	11.3	2.4	10.4	34.3	6.9	2.4	34.3	65.3	345,600通り
1	2	0	1	1	0	2.8	3.6	4.6	7.6	3	11	3	11	29.8	1,036,800通り
2	2	1	0	0	0	1.8	2.5	7	2.5	4.9	5.5	2.5	7	22.4	1,248,480通り
1	0	1	1	0	2	5.4	2.5	7.1	9.8	54.3	6.8	2.5	54.3	80.5	1,096,704通り
0	0	0	1	0	4	9.8	7.6	34.2	311.5	27.6	18.1	7.6	311.5	399	626,688通り
0	2	1	2	0	0	3	7.3	5.6	2.9	8.1	7.7	2.9	8.1	31.6	638,976通り
0	1	0	1	1	2	5.2	27.4	14	4.7	8.9	11.3	4.7	27.4	66.3	1,244,160通り
1	1	0	2	0	1	4	11.2	7.5	25.7	5.9	2.9	2.9	25.7	53.2	315,392通り
1	0	1	0	1	2	5.4	2	8.7	46.8	11.7	9.8	2	46.8	79	687,960通り
3	0	0	1	1	0	2.4	5.4	12.9	2.2	2.3	4.6	2.2	12.9	27.4	438,048通り
1	1	1	1	0	1	3.4	11.1	3.4	4.5	7.9	8.7	3.4	11.1	35.6	835,584通り
1	1	1	1	1	0	3	4.2	2.5	6.9	6.1	7.1	2.5	7.1	26.8	308,448通り
0	2	1	0	0	2	4.6	5.5	28	3.8	19	5	3.8	28	61.3	589,824通り
2	2	0	0	0	1	3.4	3	5.3	3.7	34.9	3.1	3	34.9	50	516,096通り
0	2	1	0	1	1	3.6	5.3	3.2	13.7	5.3	12.1	3.2	13.7	39.6	1,002,456通り
3	0	0	1	0	1	3.4	1.9	2.5	2.5	13.8	54.3	1.9	54.3	75	974,848通り
2	2	0	0	0	1	2.4	1.7	5.1	15	4.4	3.4	1.7	15	29.6	792,064通り
1	1	1	1	1	0	3	9.4	7.4	4.7	1.7	6	1.7	9.4	29.2	346,112通り
0	0	3	1	0	1	4	9.9	7.5	19.3	8.5	6.1	6.1	19.3	51.3	316,800通り
3	0	2	0	0	0	1.8	3	2.4	5.4	6	2.1	2.1	6	18.9	917,504通り
1	1	1	0	0	2	3.8	2.9	15.5	14.5	6.6	4.7	2.9	15.5	44.2	591,360通り
0	2	2	0	0	0	3.2	3.7	6.4	11.9	6.4	11.9	6.3	11.9	35	495,616通り
1	1	3	0	0	0	2.4	5.4	8.1	5.2	3.6	5.2	3.6	8.1	27.5	1,016,064通り
2	1	1	0	1	0	2.4	3.2	7.5	4.2	1.6	12.3	1.6	12.3	28.8	337,920通り
0	0	1	1	2	1	4.6	9.5	8	5.2	13.5	6.5	5.2	13.5	42.7	700,128通り
2	1	1	1	0	0	2.2	5	5	2.7	12	3.1	2.7	12	27.8	526,848通り
1	1	0	0	2	1	4.2	3.5	38.5	4.2	7.1	10.2	3.5	38.5	63.5	725,760通り
3	0	1	0	0	1	2.4	1.9	2.9	9.2	3.9	4.6	1.9	9.2	22.5	921,600通り

日付	概算売り上げ	配当	的中票数	人気1	人気2	人気3	人気4	人気5	人気和	最高	最低
2015.4.26	7億0949万円	2,573,270円	193票	3	2	1	8	2	16	1	8
2015.5.3	7億2252万円	8,291,220円	61票	7	8	1	1	2	19	1	8
2015.5.10	6億6682万円	23,338,840円	20票	7	1	5	10	3	26	1	10
2015.5.17	6億6272万円	40,511,900円	11票	8	5	2	3	5	23	2	8
2015.5.24	6億6435万円	155,016,070円	3票	6	1	15	4	3	29	1	15
2015.5.31	7億0822万円	288,220円	1,720票	7	2	2	1	1	13	1	7
2015.6.7	6億2500万円	13,671,980円	32票	3	3	2	8	1	17	1	8
2015.6.14	6億5387万円	228,856,070円	2票	3	11	9	8	2	33	2	11
2015.6.21	6億7698万円	93,170円	5,086票	2	1	4	1	2	10	1	4
2015.6.28	7億4754万円	174,425,160円	3票	1	7	7	11	6	32	1	11
2015.7.5	6億0804万円	40,290円	10,564票	1	2	2	2	1	8	1	2
2015.7.12	6億1697万円	222,610円	1,940票	1	1	3	4	2	11	1	4
2015.7.19	5億9688万円	208,134,880円	2票	11	9	3	5	5	33	3	11
2015.7.26	5億5619万円	3,932,640円	99票	1	1	1	6	10	19	1	10
2015.8.2	5億9413万円	10,823,530円	37票	1	2	7	5	1	16	1	7
2015.8.9	5億8624万円	396,100円	1,036票	2	3	3	6	1	15	1	6
2015.8.16	5億9667万円	3,423,540円	122票	3	5	2	5	2	17	2	5
2015.8.23	6億2882万円	4,465,670円	98票	1	3	5	2	7	18	1	7
2015.8.30	5億9042万円	6,666,080円	62票	1	6	5	8	1	21	1	8
2015.9.6	5億8807万円	2,365,800円	174票	6	4	5	1	6	22	1	6
2015.9.13	5億6770万円	395,663,730円	1票	4	11	3	10	13	41	3	13
2015.9.20	5億1142万円	1,924,700円	186票	4	3	2	7	3	19	2	7
2015.9.21	4億8092万円	213,060円	1,580票	3	1	1	2	6	13	1	6
2015.9.27	5億9083万円	3,418,000円	121票	2	6	5	3	3	19	2	6
2015.10.4	5億8316万円	155,860円	2,619票	1	1	5	1	1	9	1	5
2015.10.11	5億6606万円	135,690円	2,920票	2	1	4	1	1	9	1	4
2015.10.12	5億2887万円	2,742,300円	135票	6	3	1	1	9	20	1	9
2015.10.18	5億8187万円	1,268,860円	321票	4	2	6	3	1	16	1	6
2015.10.25	6億3147万円	10,781,230円	41票	3	1	8	2	5	19	1	8
2015.11.1	6億4063万円	10,260円	43,675票	1	1	1	1	1	5	1	1
2015.11.8	6億0077万円	1,081,070円	389票	1	2	4	1	7	15	1	7
2015.11.15	5億7311万円	842,800円	476票	1	1	2	2	6	12	1	6
2015.11.22	5億5424万円	16,868,100円	23票	3	3	1	11	4	22	1	11
2015.11.23	4億7797万円	4,521,310円	74票	1	8	7	4	3	23	1	8
2015.11.29	6億8865万円	5,477,900円	88票	6	4	1	4	4	19	1	6
2015.12.6	5億9783万円	22,025,430円	19票	3	2	1	12	2	20	1	12
2015.12.13	6億3611万円	1,686,660円	264票	8	1	3	4	1	17	1	8
2015.12.20	6億6443万円	93,020,430円	5票	12	5	3	4	2	26	2	12
2015.12.27	9億8230万円	3,527,880円	194票	2	4	3	4	8	21	2	8
2016.1.5	5億4780万円	5,611,690円	60票	2	4	6	3	3	18	2	6
2016.1.10	6億0297万円	6,594,970円	64票	2	6	1	3	8	20	1	8
2016.1.11	5億8837万円	610,150円	675票	1	9	3	3	1	17	1	9
2016.1.17	6億4378万円	2,096,020円	215票	5	1	2	5	2	15	1	5

1人数	2人数	3人数	4人数	5人数	6人以下	平均人気	単勝1	単勝2	単勝3	単勝4	単勝5	最小	最大	オッズ和	組合せ総数
1	2	1	0	0	1	3.2	4.8	4.7	3.9	22.4	6	3.9	22.4	41.8	861,696通り
2	1	0	0	0	2	3.8	26.4	22.3	3.8	2	4.6	2	26.4	59.1	783,360通り
1	0	1	0	1	2	5.2	15.6	2.3	10.7	20.8	6.4	2.3	20.8	55.8	709,632通り
0	1	1	0	2	1	4.6	23	7.7	4.2	6.5	14.1	4.2	23	55.5	570,240通り
1	0	1	1	0	2	5.8	18.6	3.8	94.8	6	6.8	3.8	94.8	130	495,040通り
2	2	0	0	0	1	2.6	15.1	4.9	4.5	1.7	1.9	1.7	15.1	28.1	1,498,176通り
1	1	2	0	0	1	3.4	6.1	5.4	6.6	44.8	3.7	3.7	44.8	66.6	401,115通り
0	1	1	0	0	3	6.6	6.1	101	22	15.6	3	3	101	147.7	958,464通り
2	2	0	1	0	0	2	3.8	1.5	6.3	3.5	4.6	1.5	6.3	19.7	450,560通り
1	0	0	0	0	4	6.4	2.4	23.5	18.7	29.6	14.2	2.4	29.6	88.4	917,504通り
2	3	0	0	0	0	1.6	2.9	3.5	3.2	5.1	2.8	2.8	5.1	17.5	487,424通り
2	1	1	1	0	0	2.2	3.3	1.8	6.3	6.7	4.5	1.8	6.7	22.6	692,224通り
0	0	1	0	2	2	6.6	46.1	47.5	6.4	7.2	10.9	6.4	47.5	118.1	658,560通り
3	0	0	0	0	2	3.8	2.9	4.4	3.2	12.2	22	2.9	22	44.7	737,280通り
2	1	0	0	1	1	3.2	2.4	4.7	32.5	14.7	3.7	2.4	32.5	58	409,500通り
1	1	2	0	0	0	3	3.7	5.7	6.1	8.8	2.5	2.5	8.8	26.8	459,000通り
0	2	1	0	2	0	3.4	8	10.9	4.1	10.9	4.7	4.1	10.9	38.6	359,424通り
1	1	1	0	1	1	3.6	2.5	4.1	11.1	5	24.2	2.5	24.2	46.9	332,640通り
2	0	0	0	1	2	4.2	1.9	11.2	8.8	29.1	3.6	1.9	29.1	54.6	959,616通り
1	0	0	1	1	2	4.4	12	9.2	10.8	1.5	9.1	1.5	12	42.6	733,824通り
0	0	1	1	0	3	8.2	8.1	57.4	5.1	48	62.7	5.1	62.7	181.3	806,400通り
0	1	2	1	0	1	3.8	6.8	4.9	3.8	12.2	6.8	3.8	12.2	34.5	616,896通り
2	1	1	0	0	1	2.6	4.9	1.6	2.1	5.1	12.5	1.6	12.5	26.2	464,640通り
0	1	2	0	1	1	3.8	3.1	9.8	9.3	8	7.6	3.1	9.8	37.8	504,000通り
4	0	0	0	1	0	1.8	2.8	3.2	7.7	2.5	4.4	2.5	7.7	20.6	599,040通り
3	1	0	1	0	0	1.8	3.7	3.4	8.6	1.7	4.9	1.7	8.6	22.3	499,200通り
2	0	1	0	0	2	4	13.9	5.9	2	3.1	19.2	2	19.2	44.1	224,640通り
1	1	1	1	0	1	3.2	8.4	3.7	13.5	6.5	3	3	13.5	35.1	684,288通り
1	1	1	0	1	1	3.8	5.5	2.6	32.6	3.8	13.4	2.6	32.6	57.9	668,250通り
5	0	0	0	0	0	1	1.9	2	3	1.8	3.4	1.8	3.4	12.1	753,984通り
2	1	0	1	0	1	3	2.6	4.4	8	2.1	23.4	2.1	23.4	40.5	861,696通り
2	2	0	0	0	1	2.4	3.2	3.3	5.5	6.1	15.2	3.2	15.2	33.3	1,161,216通り
1	0	2	1	0	1	4.4	8	7.3	2.8	30.9	5.7	2.8	30.9	54.7	746,496通り
1	0	1	1	0	2	4.6	1.7	17.3	16.2	7	5.2	1.7	17.3	47.4	380,160通り
1	0	1	3	0	1	3.8	12.7	6.2	1.5	9.2	15.6	1.5	15.6	45.2	315,900通り
1	2	1	0	0	1	4	6.5	4.6	4.5	66.4	4.1	4.1	66.4	86.1	748,800通り
2	0	1	1	0	1	3.4	26.4	1.3	7.6	7	2.5	1.3	26.4	44.8	539,136通り
0	1	1	1	1	1	5.2	70.4	12.8	5.2	6.9	5.9	5.2	70.4	101.2	281,600通り
0	1	1	0	1	1	4.2	4.7	4	7.4	8.5	17	4	17	41.6	430,080通り
0	1	2	1	0	1	3.6	4.6	10.4	17	4.9	6.1	4.6	17	43	243,100通り
1	1	1	0	0	2	4	5.1	11.7	1.9	6.3	22.5	1.9	22.5	47.5	471,744通り
2	0	2	0	0	1	3.4	1.4	25.9	5.9	6.8	2.7	1.4	25.9	42.7	614,400通り
1	2	0	0	2	0	3	13.9	3	5.3	11.3	4.7	3	13.9	38.2	304,200通り

日付	概算売り上げ	配当	的中票数	人気1	人気2	人気3	人気4	人気5	人気和	最高	最低
2016.1.24	6億3275万円	2,119,250円	209票	1	6	4	2	2	15	1	6
2016.1.31	7億2581万円	234,780円	2,164票	1	1	6	2	1	11	1	6
2016.2.7	7億4918万円	7,183,890円	73票	11	2	6	1	5	25	1	11
2016.2.14	6億7067万円	4,047,130円	116票	2	1	5	6	6	20	1	6
2016.2.21	6億4737万円	1,061,260円	427票	8	1	2	3	2	16	1	8
2016.2.28	7億2440万円	76,850円	6,598票	1	8	1	1	1	12	1	8
2016.3.6	7億2075万円	567,520円	889票	1	1	3	8	2	15	1	8
2016.3.13	6億5219万円	57,066,570円	8票	1	11	5	8	4	29	1	11
2016.3.20	6億1679万円	144,390円	2,990票	2	2	1	1	4	10	1	4
2016.3.21	5億2739万円	971,500円	380票	1	3	4	6	1	15	1	6
2016.3.27	6億7929万円	665,040円	715票	1	1	2	8	1	13	1	8
2016.4.3	6億9823万円	1,508,530円	324票	6	1	1	2	5	15	1	6
2016.4.10	7億3325万円	8,278,660円	62票	7	1	9	1	3	21	1	9
2016.4.17	7億3733万円	28,673,950円	18票	3	2	9	2	8	24	2	9
2016.4.24	6億3969万円	5,394,990円	83票	7	5	1	3	3	19	1	7
2016.5.1	6億7944万円	4,172,010円	114票	5	7	2	1	2	17	1	7
2016.5.8	6億3503万円	1,397,850円	318票	3	1	10	4	1	19	1	10
2016.5.15	6億1175万円	3,037,050円	141票	4	2	4	1	7	18	1	7
2016.5.22	6億6341万円	2,082,440円	223票	4	6	2	6	1	19	1	6
2016.5.29	6億6540万円	2,559,230円	182票	6	5	7	1	3	22	1	7
2016.6.5	6億9917万円	3,352,190円	146票	1	2	4	3	8	18	1	8
2016.6.12	6億4039万円	62,800円	7,138票	1	1	2	6	1	11	1	6
2016.6.19	6億4003万円	20,364,720円	22票	2	3	12	4	2	23	2	12
2016.6.26	7億4171万円	4,719,980円	110票	3	2	1	2	8	16	1	8
2016.7.3	6億6131万円	1,244,400円	372票	6	1	1	3	1	12	1	6
2016.7.10	6億1777万円	1,638,030円	264票	2	9	2	1	3	17	1	9
2016.7.17	6億5136万円	915,560円	498票	3	3	3	2	4	15	2	4
2016.7.24	6億2718万円	3,070,100円	143票	4	2	2	7	2	17	2	7
2016.7.31	6億6200万円	12,872,270円	36票	9	5	1	6	7	28	1	9
2016.8.7	5億9887万円	38,109,710円	11票	1	11	2	10	1	25	1	11
2016.8.14	5億5817万円	10,560,010円	37票	7	2	3	1	4	17	1	7
2016.8.21	6億2587万円	420,127,890円	1票	8	6	5	15	1	35	1	15
2016.8.28	5億9798万円	902,120円	464票	4	2	3	2	2	13	2	4
2016.9.4	5億6091万円	1,481,640円	265票	4	1	2	1	7	15	1	7
2016.9.11	5億6866万円	326,280円	1,220票	1	1	10	1	1	14	1	10
2016.9.18	6億3635万円	729,040円	611票	13	1	5	1	1	21	1	13
2016.9.25	7億2497万円	187,330円	2,709票	2	4	5	1	1	13	1	5
2016.10.2	5億9936万円	13,520,050円	31票	6	6	2	3	3	20	2	6
2016.10.9	5億5374万円	64,602,470円	6票	1	4	8	13	1	27	1	13
2016.10.10	5億6528万円	1,930,200円	205票	5	6	1	1	6	19	1	6
2016.10.16	6億3636万円	70,240円	6,341票	1	1	1	1	3	7	1	3
2016.10.23	6億8667万円	3,042,210円	158票	1	6	5	3	1	16	1	6
2016.10.30	6億9206万円	882,410円	549票	2	1	4	5	1	13	1	5

1人数	2人数	3人数	4人数	5人数	6人以下	平均人気	単勝1	単勝2	単勝3	単勝4	単勝5	最小	最大	オッズ和	組合せ総数
1	2	0	1	0	1	3	3.9	12.9	6.7	5	3.4	3.4	12.9	31.9	483,840通り
3	1	0	0	0	1	2.2	2	4.5	9.8	4.4	2.2	2	9.8	22.9	387,072通り
1	1	0	0	1	2	5	44.9	5.5	14	1.2	9.6	1.2	44.9	75.2	254,016通り
1	1	0	0	1	2	4	4.6	1.7	10.9	9.2	22.6	1.7	22.6	49	576,000通り
1	2	1	0	0	1	3.2	17.8	3.2	5.7	4.9	5.1	3.2	17.8	36.7	465,920通り
4	0	0	0	0	1	2.4	1.6	19.6	1.7	3.8	2.1	1.6	19.6	28.8	401,544通り
2	1	1	0	0	1	3	1.5	2.3	7.8	22.1	2.6	1.5	22.1	36.3	443,520通り
1	0	0	1	1	2	5.8	3.2	58.8	12.2	27.2	8.3	3.2	58.8	109.7	733,824通り
2	2	0	1	0	0	2	4.7	3.9	1.8	3	8	1.8	8	21.4	340,736通り
2	0	1	1	0	1	3	2.8	6.1	6.7	12.5	2.9	2.8	12.5	31	599,040通り
3	1	0	0	0	1	2.6	2.5	2.4	4.2	20.4	3.9	2.4	20.4	33.4	604,800通り
2	1	0	0	0	2	3	23.6	1.7	2.6	3.9	1.3	1.3	23.6	44.8	316,800通り
2	0	1	0	0	2	4.2	15.1	3.1	21.5	2.2	5	2.2	21.5	46.9	1,105,920通り
0	2	1	0	0	2	4.8	6.1	4.5	19	4.3	30.9	4.3	30.9	64.8	760,320通り
1	0	2	0	1	1	3.8	18	7.9	2.1	9.1	5.7	2.1	18	42.8	760,320通り
1	2	0	0	1	1	3.4	10.1	19.8	5	4	4.5	4	19.8	43.4	1,244,160通り
2	0	1	1	0	1	3.8	5	1.9	19.4	12.6	2.3	1.9	19.4	41.2	1,166,400通り
1	1	0	2	0	1	3.6	7.7	4.2	7.2	2.5	17.7	2.5	17.7	39.3	622,080通り
1	1	0	1	0	2	3.8	5.8	13.9	3.4	11.9	2	2	13.9	37	777,600通り
1	0	1	0	1	2	4.4	9.5	11.8	13.2	2.2	4	2.2	13.2	40.7	985,608通り
1	1	1	1	0	1	3.6	1.4	3.3	9.1	8.9	36.9	1.4	36.9	59.6	276,480通り
3	1	0	0	0	1	2.2	1.5	2	4.3	10.8	2.8	1.5	10.8	21.4	967,680通り
0	2	1	1	0	1	4.6	5.5	7.7	39.4	8.8	2.9	2.9	39.4	64.3	589,824通り
1	2	1	0	0	1	3.2	6.1	3.8	4.3	5.3	25.1	3.8	25.1	44.6	735,488通り
3	0	1	0	0	1	2.4	13.8	3	2.9	7.5	4	2.9	13.8	31.2	302,016通り
1	2	1	0	0	1	3.4	4.4	23	5.3	3.3	5.9	3.3	23	41.9	561,600通り
0	1	3	1	0	0	3	5.9	5.6	7.4	3.3	7.6	3.3	7.6	29.8	319,488通り
0	2	1	1	0	1	3.4	11.7	4	7.2	11.7	4.1	4	11.7	38.7	518,400通り
1	0	0	0	1	3	5.6	20.2	11.5	2.4	12.4	15.3	2.4	20.2	61.8	342,225通り
2	1	0	0	1	1	5	4.7	36.6	2.7	71.3	3.6	2.7	71.3	118.9	327,600通り
1	1	1	1	0	1	3.4	28.5	5.9	6.1	3.7	11.8	3.7	28.5	56	684,288通り
1	0	0	0	1	3	7	21.7	12.3	17.2	146.4	3.7	3.7	146.4	201.3	783,360通り
0	3	1	1	0	0	2.6	9.6	5.6	6.5	3.6	4	3.6	9.6	29.3	368,550通り
2	1	0	1	0	1	3	8.3	3.9	6.1	2.3	17.3	2.3	17.3	37.9	1,010,880通り
4	0	0	0	0	1	2.8	1.9	1.6	37.4	2.1	2.8	1.6	37.4	45.8	249,600通り
3	0	0	0	1	1	4.2	77.9	2.3	17.4	1.6	1.4	1.4	77.9	100.6	443,520通り
2	1	0	1	1	0	2.6	3.5	12.1	8.4	1.2	2	1.2	12.1	27.2	299,520通り
0	1	2	0	0	2	4	17.7	11.8	5.5	7.3	9.2	5.5	17.7	51.5	638,976通り
2	0	0	1	0	2	5.4	3.9	7.7	28.4	71.1	3.3	3.3	71.1	114.4	421,824通り
2	0	0	0	1	2	3.8	16.9	9	2	1.8	14.5	1.8	16.9	44.2	240,000通り
4	0	1	0	0	0	1.4	3.3	1.6	3.1	5.3	6.3	1.6	6.3	19.6	389,844通り
2	0	1	0	0	2	3.2	2.9	9.3	14.6	7.1	2.3	2.3	14.6	36.2	419,328通り
2	1	0	1	1	0	2.6	3.7	2.7	11.8	7.9	3.6	2.7	11.8	29.7	415,800通り

日付	概算売り上げ	配当	的中票数	人気1	人気2	人気3	人気4	人気5	人気和	最高	最低
2016.11.6	6億2733万円	303,890円	1,445票	1	2	6	2	4	15	1	6
2016.11.13	6億6517万円	1,127,410円	413票	1	1	7	7	3	19	1	7
2016.11.20	6億1939万円	4,379,490円	99票	1	3	7	2	3	16	1	7
2016.11.27	6億7149万円	3,255,910円	144票	11	4	1	1	2	19	1	11
2016.12.4	6億3807万円	5,254,680円	85票	10	5	2	6	4	27	2	10
2016.12.11	6億5386万円	19,560円	23,392票	1	1	3	1	1	7	1	3
2016.12.18	6億3736万円	575,670円	775票	6	1	1	1	6	15	1	6
2016.12.23	4億2508万円	168,370円	1,741票	1	1	6	1	3	12	1	6
2016.12.25	9億9437万円	783,040円	874票	1	5	1	9	1	17	1	9
2017.1.5	5億1250万円	23,510円	15,259票	1	1	2	1	1	6	1	2
2017.1.8	6億1146万円	71,336,440円	6票	7	1	2	10	8	28	1	10
2017.1.22	6億1192万円	26,771,430円	16票	2	8	1	7	7	25	1	8
2017.1.29	6億3057万円	54,830円	8,050票	1	1	3	3	1	9	1	3
2017.2.5	7億4023万円	74,022,700円	7票	4	3	16	6	3	32	3	16
2017.2.12	5億9891万円	365,970円	825票	3	2	6	3	2	16	2	6
2017.2.19	6億2083万円	3,986,970円	109票	5	1	4	6	2	18	1	6
2017.2.26	6億7043万円	5,723,200円	82票	4	3	1	7	3	18	1	7
2017.3.5	6億4424万円	1,330,290円	339票	3	4	2	1	1	11	1	4
2017.3.12	6億7695万円	313,110円	1,498票	3	1	2	2	5	13	1	5
2017.3.19	7億3344万円	442,210円	1,161票	1	3	10	1	5	20	1	10
2017.3.20	5億7257万円	19,160円	20,912票	2	1	2	1	1	7	1	2
2017.3.26	6億2536万円	72,958,200円	6票	15	2	1	10	5	33	1	15
2017.4.2	6億2602万円	179,020円	1,768票	1	1	3	6	1	12	1	6
2017.4.9	6億6753万円	38,939,010円	12票	5	4	4	4	8	25	4	8
2017.4.16	6億1373万円	17,900,470円	24票	2	9	7	4	9	31	2	9
2017.4.23	5億6361万円	24,658,030円	16票	6	2	5	2	12	27	2	12
2017.4.30	6億4415万円	32,207,480円	14票	1	9	12	3	1	26	1	12
2017.5.7	5億4158万円	1,005,580円	377票	5	1	3	3	2	14	1	5
2017.5.14	5億6644万円	8,260,640円	48票	1	7	2	3	6	19	1	7
2017.5.21	5億8026万円	29,013,050円	14票	10	11	2	3	1	27	1	11
2017.5.28	5億7951万円	1,006,580円	403票	1	2	4	6	2	15	1	6
2017.6.4	5億5616万円	709,120円	549票	1	1	1	6	7	16	1	7
2017.6.11	5億4894万円	1,329,610円	289票	3	4	2	3	5	17	2	5
2017.6.18	5億7354万円	288,410円	1,392票	2	1	3	1	2	9	1	3
2017.6.25	7億5099万円	32,855,640円	16票	1	5	12	3	3	24	1	12
2017.7.2	6億1961万円	1,073,580円	404票	2	7	1	2	2	14	1	7
2017.7.9	6億4799万円	22,880円	14,126票	1	1	1	5	1	9	1	5
2017.7.16	5億9495万円	117,940円	2,636票	2	1	5	1	1	10	1	5
2017.7.23	5億4417万円	548,110円	681票	3	3	1	5	2	14	1	5
2017.7.30	6億0686万円	2,543,730円	167票	2	2	8	2	4	18	2	8
2017.8.6	5億8963万円	29,213,130円	14票	3	4	11	1	11	30	1	11
2017.8.13	5億3727万円	8,514,980円	38票	4	3	7	1	3	18	1	7
2017.8.20	5億3303万円	6,384,380円	58票	3	3	6	2	5	19	2	6

1人数	2人数	3人数	4人数	5人数	6人以下	平均人気	単勝1	単勝2	単勝3	単勝4	単勝5	最小	最大	オッズ和	組合せ総数
1	2	0	1	0	1	3	1.7	3.3	10	3.9	7.6	1.7	10	26.5	518,400通り
2	0	1	0	0	2	3.8	1.6	2.6	14.5	15.2	6.1	1.6	15.2	40	786,240通り
1	1	2	0	0	1	3.2	3.3	5.1	18.5	4.9	5.9	3.3	18.5	37.7	1,036,800通り
2	1	0	1	0	1	3.8	22.5	10.5	3.1	3.8	4.1	3.1	22.5	44	940,032通り
0	1	0	1	1	2	5.4	20.4	9.3	3.1	15.9	7.1	3.1	20.4	55.8	453,600通り
4	0	1	0	0	0	1.4	1.3	3	4.9	1.7	2.8	1.3	4.9	13.7	438,048通り
3	0	0	0	0	2	3	13.7	1.8	3.3	2.6	14.2	1.8	14.2	35.6	589,680通り
3	0	1	0	0	1	2.4	2.2	1.4	17.7	2.1	6.4	1.4	17.7	29.8	356,400通り
3	0	0	0	1	1	3.4	2	13.2	1.5	26	2.1	1.5	26	45.3	504,000通り
4	1	0	0	0	0	1.2	1.6	3.7	5.1	2.8	1.8	1.6	5.1	15	547,560通り
1	1	0	0	0	3	5.6	20	2.8	3.1	36	27.4	2.8	36	89.3	414,720通り
1	1	0	0	0	3	5	5.4	20.4	2.6	21.8	14.7	2.6	21.8	64.9	852,992通り
3	0	2	0	0	0	1.8	1.7	1.7	5.1	6.7	3	1.7	6.7	18.2	243,360通り
0	0	2	1	0	2	6.4	7.8	5.2	230.3	17.2	6.4	5.2	230.3	266.9	107,520通り
0	2	2	0	0	1	3.2	5	4.1	9.4	4.4	3.1	3.1	9.4	26	295,680通り
1	1	0	1	1	1	3.6	12	2.4	7.8	12.1	5	2.4	12.1	39.3	465,920通り
1	0	2	1	0	1	3.6	13.2	5	3.5	25.7	7.1	3.5	25.7	54.5	297,000通り
2	1	1	1	0	0	2.2	8.3	12.8	4.6	2.5	3.3	2.5	12.8	31.5	688,128通り
1	2	1	0	1	0	2.6	4.3	1.5	4.8	3.8	12.5	1.5	12.5	26.9	440,640通り
2	0	1	0	1	1	4	1.9	5.2	27.9	1.1	8.1	1.1	27.9	44.2	251,680通り
3	2	0	0	0	0	1.4	4.5	3.1	3.2	2.2	1.3	1.3	4.5	14.3	373,490通り
1	1	0	0	1	2	6.6	91.6	4	2.6	25.4	8.7	2.6	91.6	132.3	456,192通り
3	0	1	0	0	1	2.4	2.1	2.4	5.2	11.2	2.4	2.1	11.2	23.3	114,688通り
0	0	0	3	1	1	5	12.7	7.4	7.2	6	40.8	6	40.8	74.1	636,480通り
0	1	0	1	0	3	6.2	4.4	17.1	13.2	7.5	22.4	4.4	22.4	64.6	898,560通り
0	2	0	0	1	2	5.4	14.4	3.8	14	3.8	37.2	3.8	37.2	73.2	494,208通り
2	0	1	0	0	2	5.2	2.4	27.3	32.5	6.4	2.2	2.2	32.5	70.8	753,984通り
1	1	2	0	1	0	2.8	10.7	4	5.5	7.5	5.8	4	10.7	33.5	995,328通り
1	1	1	0	0	2	3.8	3.7	16.7	5.3	7.6	13.5	3.7	16.7	46.8	533,120通り
1	1	1	0	0	2	5.4	33.6	32.9	5.5	4.5	2.4	2.4	33.6	78.9	570,240通り
1	2	0	0	1	1	3	2.4	4.7	6.5	10.5	5.3	2.4	10.5	28.8	1,032,192通り
3	0	0	0	0	2	3.2	2.1	2.2	1.7	18.5	12.4	1.7	18.5	36.9	362,880通り
0	1	2	1	1	0	3.4	5.8	10	3.1	5.7	11.4	3.1	11.4	36	608,256通り
2	2	1	0	0	0	1.8	4.8	3	7.2	2.9	4.9	2.9	7.2	22.8	324,480通り
1	0	2	0	1	1	4.8	3	7.9	44.2	9.3	9	3	44.2	73.4	308,880通り
1	3	0	0	0	1	2.8	5.1	19.8	1.5	5.7	4.4	1.5	19.8	36.5	442,368通り
4	0	0	0	1	0	1.8	2.2	2	1.5	7	3.4	1.5	7	16.1	252,000通り
3	1	0	0	1	0	2	5.3	2.8	9	2.3	3.4	2.3	9	22.8	518,400通り
1	1	2	0	1	0	2.8	5.7	6.1	3	9	3.8	3	9	27.6	378,000通り
0	3	0	1	0	1	3.6	3.2	4.9	38.7	3	6.1	3	38.7	55.9	549,120通り
1	0	1	1	0	2	6	5.2	7.1	66.3	2.2	38.2	2.2	66.3	119	353,925通り
1	0	2	1	0	1	3.6	12.2	4.6	12.1	2.7	9	2.7	12.2	40.6	544,544通り
0	1	2	0	1	1	3.8	5.7	6	19.9	5.7	9.6	5.7	19.9	46.9	947,700通り

日付	概算売り上げ	配当	約中票数	人気1	人気2	人気3	人気4	人気5	人気和	最高	最低
2017.8.27	5億3998万円	8,399,620円	45票	2	12	3	4	6	27	2	12
2017.9.3	5億4530万円	42,412,190円	9票	2	3	6	11	8	30	2	11
2017.9.10	4億9923万円	40,180円	8,697票	1	2	1	1	1	6	1	2
2017.9.17	4億5767万円	40,046,450円	8票	6	2	9	8	2	27	2	9
2017.9.18	4億5556万円	101,390円	3,145票	2	1	1	1	2	7	1	2
2017.9.24	5億7080万円	2,038,560円	196票	3	3	5	1	5	17	1	5
2017.10.1	5億7305万円	1,437,760円	279票	1	1	8	9	1	20	1	9
2017.10.8	5億4353万円	536,630円	709票	7	3	2	1	3	16	1	7
2017.10.9	4億7922万円	55,909,300円	6票	10	5	5	4	2	26	2	10
2017.10.15	5億4834万円	211,240円	1,817票	2	4	1	1	3	11	1	4
2017.10.22	5億6145万円	1,135,880円	346票	2	2	3	6	1	14	1	6
2017.10.29	5億8756万円	9,766,490円	41票	7	10	2	5	1	25	1	10
2017.11.3	3億0084万円	4,387,190円	48票	2	6	3	8	5	24	2	8
2017.11.5	5億5929万円	91,710円	3,071票	5	5	1	1	2	14	1	5
2017.11.12	5億3672万円	115,930,920円	3票	6	12	2	5	5	30	2	12
2017.11.19	5億1543万円	3,838,270円	94票	1	6	2	2	4	15	1	6
2017.11.26	6億3188万円	2,632,820円	168票	3	1	4	2	5	15	1	5
2017.12.3	5億9014万円	758,450円	542票	1	1	3	8	6	19	1	8
2017.12.10	6億1268万円	701,920円	611票	1	6	4	2	2	15	1	6
2017.12.17	6億5032万円	329,870円	1,380票	2	2	3	2	1	10	1	3
2017.12.24	9億1302万円	15,977,850円	40票	4	2	4	7	1	18	1	7
2017.12.28	6億4813万円	3,988,490円	130票	3	1	4	4	5	17	1	5
2018.1.6	5億0460万円	867,350円	407票	7	1	2	1	4	15	1	7
2018.1.7	5億7798万円	2,974,900円	136票	2	5	3	2	7	19	2	7
2018.1.8	6億1197万円	112,220円	3,817票	3	1	5	1	1	11	1	5
2018.1.14	6億3508万円	303,440円	1,465票	1	2	5	1	1	10	1	5
2018.1.21	7億4146万円	566,080円	718票	3	6	1	4	2	16	1	6
2018.1.28	6億5669万円	1,747,840円	263票	1	3	2	4	6	16	1	6
2018.2.4	6億5979万円	5,498,220円	84票	2	2	8	4	3	19	2	8
2018.2.11	7億0292万円	4,393,240円	112票	1	2	5	4	6	18	1	6
2018.2.18	6億8898万円	4,600,520円	97票	3	3	1	9	4	20	1	9
2018.2.25	6億8026万円	4,714,650円	101票	4	1	3	7	2	17	1	7
2018.3.4	7億8329万円	321,200円	1,707票	2	1	6	4	1	14	1	6
2018.3.11	7億0691万円	2,980,940円	166票	1	7	1	8	1	18	1	8
2018.3.18	7億1614万円	4,820,190円	104票	1	10	8	3	1	23	1	10
2018.3.25	6億8765万円	111,520円	4,316票	2	1	1	2	2	8	1	2
2018.4.1	6億5244万円	9,717,140円	47票	6	3	2	8	1	20	1	8
2018.4.8	6億7925万円	4,614,100円	103票	3	9	5	1	2	20	1	9
2018.4.15	6億5029万円	15,173,350円	30票	3	9	5	1	7	25	1	9
2018.4.22	5億9737万円	8,363,170円	50票	7	7	2	4	1	21	1	7
2018.4.29	6億2094万円	3,846,500円	113票	4	6	2	4	2	18	2	6
2018.5.6	5億9015万円	103,276,720円	4票	5	3	5	12	6	31	3	12
2018.5.13	5億7349万円	10,293,460円	39票	5	5	2	3	8	23	2	8

1人数	2人数	3人数	4人数	5人数	6人以下	平均人気	単勝1	単勝2	単勝3	単勝4	単勝5	最小	最大	オッズ和	組合せ総数
0	1	1	1	0	2	5.4	4.9	21.2	7.2	7.7	11.8	4.9	21.2	52.8	491,400通り
0	1	1	0	0	3	6	5.2	7	12	51.4	13.4	5.2	51.4	89	1,079,568通り
4	1	0	0	0	0	1.2	3.1	4.1	2.2	3.1	3	2.2	4.1	15.5	241,920通り
0	2	0	0	0	3	5.4	15.9	3.5	19.2	26.4	5.2	3.5	26.4	70.2	807,840通り
3	2	0	0	0	0	1.4	3.8	2.3	2.8	2.8	6.1	2.3	6.1	17.8	362,880通り
1	0	2	0	2	0	3.4	4.6	6.8	12.3	2.2	7.8	2.2	12.3	33.7	239,904通り
3	0	0	0	0	2	4	2.1	1.4	15	32.5	3.2	1.4	32.5	54.2	419,328通り
1	1	2	0	0	1	3.2	14.3	5.8	4.4	2.3	5.8	2.3	14.3	32.6	389,376通り
0	1	0	1	2	1	5.2	39.2	10.6	10.6	8.6	3.3	3.3	39.2	72.3	253,440通り
2	1	1	1	0	0	2.2	3.9	6.8	2.9	3.1	6.3	2.9	6.8	23	774,144通り
1	2	1	0	0	1	2.8	3.1	4.3	9.2	11.5	4.5	3.1	11.5	32.6	552,960通り
1	1	0	0	1	0	5	16.3	22	5.2	7.7	3.1	3.1	22	54.3	746,496通り
0	1	1	0	1	2	4.8	3.4	11.1	6.2	18.1	7.6	3.4	18.1	46.4	692,224通り
2	1	0	0	2	0	2.8	9.7	7.1	1.4	2	3.1	1.4	9.7	23.3	362,880通り
0	1	0	0	2	2	6	12.4	124.9	5.4	8.4	7.7	5.4	124.9	158.8	933,120通り
1	2	0	1	0	1	3	3.4	16	6.9	3.1	8.8	3.1	16	38.2	903,168通り
1	1	1	1	2	0	3	6.2	1.9	10.3	4.6	13.3	1.9	13.3	36.3	530,400通り
2	0	1	0	0	2	3.8	2.6	1.7	7.1	13	9.4	1.7	13	33.8	498,960通り
1	2	0	1	0	1	3	2.3	23	6.6	3.6	4.1	2.3	23	39.6	288,288通り
1	3	1	0	0	0	2	5.2	4.4	8.5	6.2	2.3	2.3	8.5	26.6	940,032通り
1	1	0	2	0	1	3.6	6.5	3.3	8.4	54.4	1.9	1.9	54.4	74.5	322,560通り
1	0	1	2	1	0	3.4	5.5	4.2	5.9	6.7	15.6	4.2	15.6	37.9	848,640通り
2	1	0	1	0	1	3	18.3	1.6	3.6	2.5	6.4	1.6	18.3	32.4	141,440通り
0	2	1	0	1	0	3.8	4.3	9.8	4.1	4.6	17	4.1	17	39.8	290,304通り
3	0	1	0	1	0	2.2	5.3	1.8	8.6	1.9	2.9	1.8	8.6	20.5	156,816通り
3	1	0	0	1	0	2	2	4.1	9.6	3.5	3.7	2	9.6	22.9	291,600通り
1	1	1	1	0	1	3.2	9.6	12.1	1.3	7.6	3.9	1.3	12.1	34.5	377,520通り
1	1	1	1	0	1	3.2	3.5	4.8	4.3	7.7	10.5	3.5	10.5	30.8	283,140通り
0	2	1	1	0	1	3.8	3.3	3.1	22.6	6.9	5.5	3.1	22.6	41.4	358,400通り
1	1	0	1	1	1	3.6	4.1	2.8	9.7	10.5	13.6	2.8	13.6	40.7	276,480通り
1	0	2	1	0	1	4	4.5	5.8	2.3	22.8	10.7	2.3	22.8	46.1	295,680通り
1	1	1	1	0	1	3.4	10.6	3.4	6	16.8	5.3	3.4	16.8	42.1	316,800通り
2	1	0	1	0	1	2.8	2.9	3.6	14.1	5.1	1.8	1.8	14.1	27.5	268,800通り
3	0	0	0	0	2	3.6	2.6	26.6	1.6	22.3	2.7	1.6	26.6	55.8	328,536通り
2	0	1	0	0	2	4.6	2.7	23.2	21.9	5.6	2.3	2.3	23.2	51.7	251,680通り
2	3	0	0	0	0	1.6	3.4	2	3.1	6.1	5.5	2	6.1	20.1	285,120通り
1	1	0	0	0	2	4	13.2	5.5	3.6	21.5	3.5	3.5	21.5	47.3	177,408通り
1	1	1	0	1	1	4	3.9	26.1	7.8	4.1	3.9	3.9	26.1	45.8	734,400通り
1	0	1	0	1	2	5	5.9	26.7	8	2.2	14.5	2.2	26.7	57.3	798,720通り
1	1	0	1	0	2	4.2	13.9	15.4	4.5	6.8	2.7	2.7	15.4	43.3	860,160通り
0	2	0	2	0	1	3.6	6.1	15.3	6.1	8.2	6	6	15.3	41.7	646,272通り
0	0	1	0	2	2	6.2	8.8	7	8.2	33.2	12.8	7	33.2	70	1,105,920通り
0	1	1	0	2	1	4.6	7.1	16.8	4.2	7.7	19.4	4.2	19.4	55.2	380,160通り

日付	概算売り上げ	配当	的中票数	人気1	人気2	人気3	人気4	人気5	入気和	最高	最低
2018.5.20	6億6419万円	295,190円	1,575票	3	5	1	2	1	12	1	5
2018.5.27	6億7570万円	418,600円	565票	1	1	1	3	5	11	1	5
2018.6.3	6億2416万円	11,497,740円	38票	3	1	10	4	9	27	1	10
2018.6.10	6億0299万円	1,209,430円	349票	1	1	5	10	2	19	1	10
2018.6.17	6億3360万円	1,061,040円	418票	1	2	3	9	1	16	1	9
2018.6.24	6億5112万円	1,156,800円	394票	4	1	2	2	7	16	1	7
2018.7.1	5億9325万円	3,059,140円	85票	1	8	5	4	2	20	1	8
2018.7.8	6億0042万円	1,496,510円	240票	1	1	1	5	11	19	1	11
2018.7.15	5億3901万円	2,222,150円	169票	2	3	3	3	5	16	2	5
2018.7.22	5億3867万円	845,440円	446票	2	4	2	1	4	13	1	4
2018.7.29	5億3811万円	3,363,180円	112票	7	5	1	4	1	18	1	7
2018.8.5	5億7938万円	9,891,780円	41票	7	1	4	1	5	18	1	7
2018.8.12	5億6351万円	3,686,530円	107票	7	1	2	6	1	17	1	7
2018.8.19	6億1627万円	1,083,880円	398票	2	1	6	6	2	17	1	6
2018.8.26	5億6420万円	122,080円	3,235票	2	1	4	1	1	9	1	4
2018.9.2	6億0617万円	12,479,960円	34票	2	10	5	3	1	21	1	10
2018.9.9	5億3394万円	361,120円	1,035票	1	7	1	1	1	11	1	7
2018.9.16	5億1094万円	83,850円	4,265票	1	1	2	5	2	11	1	5
2018.9.17	5億3374万円	4,344,360円	86票	1	3	3	9	4	20	1	9
2018.9.23	6億2324万円	56,590円	7,708票	1	1	5	2	1	10	1	5
2018.10.7	5億5904万円	1,397,600円	280票	1	4	6	8	1	20	1	8
2018.10.8	4億8476万円	6,050円	56,058票	1	1	2	2	1	7	1	2
2018.10.14	6億4857万円	2,480,860円	183票	11	2	1	3	1	18	1	11
2018.10.21	6億1105万円	3,012,220円	142票	1	3	7	3	7	21	1	7
2018.10.28	6億6896万円	370,470円	1,255票	5	2	7	1	2	17	1	7
2018.11.4	6億4847万円	5,895,210円	77票	4	5	3	3	6	21	3	6
2018.11.11	5億9755万円	1,097,850円	381票	3	2	2	6	3	16	2	6
2018.11.18	5億7056万円	295,400円	1,352票	1	2	1	7	5	16	1	7
2018.11.25	6億6916万円	1,559,130円	255票	10	2	2	1	1	16	1	10
2018.12.2	5億9863万円	2,436,300円	172票	4	2	4	1	5	16	1	5
2018.12.9	5億8015万円	96,800円	4,195票	2	3	1	1	1	8	1	3
2018.12.16	6億6525万円	93,710円	4,969票	2	1	3	1	2	9	1	3
2018.12.23	8億5686万円	0円	0票	2	11	8	7	3	31	2	11
2018.12.28	34億9934万円	29,330円	115,874票	1	1	1	2	1	6	1	2
2019.1.5	6億8182万円	21,040円	22,677票	1	1	1	3	1	7	1	3
2019.1.6	7億9602万円	1,222,820円	425票	2	3	5	1	4	15	1	5
2019.1.13	6億4832万円	1,243,350円	365票	1	1	11	3	1	17	1	11
2019.1.14	6億1602万円	8,800,260円	49票	5	1	5	4	5	20	1	5
2019.1.20	8億0469万円	680,290円	828票	1	1	1	7	7	17	1	7
2019.1.27	6億9628万円	1,619,250円	301票	5	2	6	1	2	16	1	6
2019.2.3	7億4934万円	1,846,960円	284票	7	3	1	3	1	15	1	7
2019.2.10	6億6962万円	12,335,170円	38票	1	9	6	6	3	25	1	9
2019.2.17	7億4913万円	57,540円	9,113票	2	2	3	3	1	11	1	3

1人数	2人数	3人数	4人数	5人数	6人以下	平均人気	単勝1	単勝2	単勝3	単勝4	単勝5	最小	最大	オッズ和	組合せ総数
2	1	1	0	1	0	2.4	5.7	9.3	4	3.8	1.7	1.7	9.3	24.5	705,024通り
3	0	1	0	1	0	2.2	1.9	2.7	3.5	11.4	12.5	1.9	12.5	32	1,028,160通り
1	0	1	1	0	2	5.4	5.3	2.2	26.4	8.4	15.7	2.2	26.4	58	552,960通り
2	1	0	0	1	1	3.8	2.6	2.1	11.5	17.1	5.6	2.1	17.1	38.9	483,840通り
2	1	1	0	0	1	3.2	1.7	4.6	5.9	31.3	2.3	1.7	31.3	45.8	645,120通り
1	2	0	1	0	1	3.2	9.5	2.4	5	3.8	13.1	2.4	13.1	33.8	655,360通り
1	1	0	1	1	1	4	1.8	16.3	8	9.1	4.1	1.8	16.3	39.3	468,468通り
3	0	0	0	1	1	3.8	1.5	1.8	2.9	7.8	100.8	1.5	100.8	114.8	458,640通り
0	1	3	0	1	0	3.2	3.7	7.2	6.8	5.3	9.6	3.7	9.6	32.6	435,600通り
1	2	0	2	0	0	2.6	5.7	7	5.2	5	7.9	5	7.9	30.8	983,040通り
2	0	0	1	1	1	3.6	13.7	8.7	3.2	7.8	2.7	2.7	13.7	36.1	474,045通り
2	0	0	1	1	1	3.6	26.9	2.3	10.2	3.3	10.7	2.3	26.9	53.4	288,000通り
2	1	0	0	0	2	3.4	11	3.3	4.1	14	4.1	3.3	14	36.1	191,100通り
1	2	0	0	0	2	3.4	4	1.4	8.7	16.8	5.2	1.4	16.8	36.1	466,752通り
3	1	0	1	0	0	1.8	4.3	2.4	5.7	3.7	2.4	2.4	5.7	18.5	295,680通り
1	1	1	0	1	1	4.2	4.7	94.6	10.4	5.2	1.8	1.8	94.6	116.7	570,752通り
4	0	0	0	0	1	2.2	1.7	15.4	3.3	3.4	3.3	1.7	15.4	27.1	418,275通り
2	2	0	0	1	0	2.2	1.8	2.5	4.2	9.3	3.4	1.8	9.3	21.2	205,335通り
1	0	2	1	0	1	4	1.5	5.8	6.7	39.2	7.3	1.5	39.2	60.5	312,000通り
3	1	0	0	1	0	2	1.9	1.4	11.3	2.7	2	1.4	11.3	19.3	92,160通り
2	0	0	1	0	2	4	1.4	6.4	17	18.9	2.3	1.4	18.9	46	269,568通り
3	2	0	0	0	0	1.4	1.9	1.3	2.7	2.3	1.6	1.3	2.7	9.8	183,040通り
2	1	1	0	0	1	3.6	45.1	4.6	5.2	5.6	1.3	1.3	45.1	61.8	367,200通り
1	0	2	0	0	2	4.2	1.7	5.1	17.3	7	14.5	1.7	17.3	45.6	387,072通り
1	2	0	0	1	1	3.4	7.2	3.1	14.1	3.3	3.1	3.1	14.1	30.8	285,120通り
0	0	2	1	1	1	4.2	12	9.2	4.8	4.2	13.1	4.2	13.1	43.3	786,432通り
0	2	2	0	0	1	3.2	5.9	4.2	4.5	12.3	4.7	4.2	12.3	31.6	487,424通り
2	1	0	0	1	1	3.2	1.9	3.4	1.9	14.1	8.7	1.9	14.1	30	241,920通り
2	2	0	0	0	1	3.2	67.9	6.3	3.8	1.6	1.4	1.4	67.9	81	470,400通り
1	1	0	2	1	0	3.2	4.9	3.9	8	1.9	20.2	1.9	20.2	38.9	316,800通り
3	1	1	0	0	0	1.6	4.5	4.3	3.6	2.8	2.6	2.6	4.5	17.8	373,248通り
2	2	1	0	0	0	1.8	3.9	1.8	6.2	2.4	4.6	1.8	6.2	18.9	457,380通り
0	1	1	0	0	3	6.2	4.7	152.3	20.5	24.7	8.9	4.7	152.3	211.1	552,960通り
4	1	0	0	0	0	1.2	2	1.8	3.7	4.3	2.6	1.8	4.3	14.4	658,944通り
4	0	1	0	0	0	1.4	1.9	1.7	2.2	8.4	2.2	1.7	8.4	16.4	835,584通り
1	1	1	1	1	0	3	3.1	5.6	23.3	1.4	6.8	1.4	23.3	40.2	84,240通り
3	1	0	0	0	1	3.4	1.7	3.2	34.4	6.8	2.7	1.7	34.4	48.8	860,160通り
1	0	0	1	3	0	4	12.6	3.4	14.7	5.1	9.1	3.4	14.7	44.9	311,040通り
3	0	0	0	0	2	3.4	1.7	1.5	1.5	19.7	38.5	1.5	38.5	62.9	198,198通り
1	2	0	0	1	1	3.2	13.3	3.9	12.1	2	4.3	2	13.3	35.6	310,464通り
2	0	2	0	0	1	3	16.1	8.3	2.2	5.4	2.7	2.2	16.1	34.7	337,920通り
1	0	1	0	0	3	5	5.6	20.1	13.3	8.5	4.2	4.2	20.1	51.7	302,400通り
1	2	2	0	0	0	2.2	2.1	2.7	6	5.1	2.6	2.1	6	18.5	196,196通り

日付	概算売り上げ	配当	的中票数	人気1	人気2	人気3	人気4	人気5	人気和	最高	最低
2019.2.24	6億7401万円	471,809,030円	1票	2	15	12	11	5	45	2	15
2019.3.3	6億6427万円	0円	0票	7	14	5	13	8	47	5	14
2019.3.10	23億0288万円	10,282,010円	101票	1	12	2	12	2	29	1	12
2019.3.17	7億5078万円	1,191,720円	441票	2	4	1	1	10	18	1	10
2019.3.24	6億7971万円	3,171,960円	150票	4	1	6	8	3	22	1	8
2019.3.31	6億1668万円	269,810円	1,540票	5	1	1	1	9	17	1	9
2019.4.7	6億0115万円	11,688,930円	36票	3	1	12	8	2	26	1	12
2019.4.14	6億0802万円	3,940,840円	108票	2	6	1	6	1	16	1	6
2019.4.21	6億5019万円	12,300,830円	37票	12	1	10	1	3	27	1	12
2019.4.28	5億9851万円	1,966,940円	213票	8	1	7	2	1	19	1	8
2019.4.29	5億2862万円	5,139,380円	72票	2	6	3	7	4	22	2	7
2019.5.5	5億5330万円	8,419,850円	46票	2	1	14	1	2	20	1	14
2019.5.12	5億6998万円	44,331,420円	9票	8	5	5	3	5	26	3	8
2019.5.19	5億9894万円	44,020円	9,524票	1	2	1	1	1	6	1	2
2019.5.26	6億6719万円	29,189,530円	16票	2	9	1	1	12	25	1	12
2019.6.2	5億8506万円	7,727,180円	53票	10	1	1	1	4	17	1	10
2019.6.9	5億1145万円	679,340円	527票	1	1	1	7	5	15	1	7
2019.6.16	5億7642万円	9,841,270円	41票	7	3	5	1	3	19	1	7
2019.6.23	6億1065万円	12,572,130円	34票	1	14	1	6	3	25	1	14
2019.6.30	5億4135万円	101,316,500円	3票	7	5	13	1	3	29	1	13
2019.7.7	5億1150万円	3,330,320円	105票	11	3	1	2	3	20	1	11
2019.7.14	5億0114万円	760,940円	461票	4	3	1	5	1	14	1	5
2019.7.21	4億7497万円	1,325,370円	246票	1	7	4	3	1	16	1	7
2019.7.28	5億1537万円	30,070円	11,967票	2	1	1	4	1	9	1	4
2019.8.4	5億0993万円	9,647,380円	37票	9	2	1	1	10	23	1	10
2019.8.11	4億9085万円	157,320円	2,184票	1	1	2	2	1	7	1	2
2019.8.18	5億3858万円	1,086,460円	347票	1	3	9	1	3	17	1	9
2019.8.25	5億1642万円	312,980円	1,155票	3	4	4	1	1	13	1	4
2019.9.1	5億2248万円	2,729,360円	134票	1	4	2	3	2	12	1	4
2019.9.8	5億4066万円	850,480円	445票	1	8	1	1	4	15	1	8
2019.9.15	4億9689万円	128,870円	2,699票	3	2	1	1	3	10	1	3
2019.9.16	5億1851万円	5,053,250円	74票	1	4	1	8	1	15	1	8
2019.9.22	6億5937万円	518,600円	890票	3	1	4	1	4	13	1	4
2019.9.29	5億5120万円	593,590円	650票	4	1	9	1	2	17	1	9
2019.10.6	5億6804万円	11,045,240円	36票	1	4	3	11	1	20	1	11
2019.10.14	4億2867万円	8,335,260円	36票	5	6	2	4	4	21	2	6
2019.10.20	5億2614万円	48,750円	7,554票	1	1	1	1	3	7	1	3
2019.10.27	6億3926万円	844,300円	530票	3	2	5	3	1	14	1	5
2019.11.3	5億4066万円	3,234,690円	117票	1	2	8	2	7	20	1	8
2019.11.10	5億3949万円	8,971,910円	42票	11	2	1	8	3	25	1	11
2019.11.17	5億2650万円	258,810円	1,424票	2	2	3	1	3	11	1	3
2019.11.24	5億7428万円	736,250円	546票	2	3	1	3	3	12	1	3
2019.12.1	6億0591万円	91,400円	4,640票	1	4	1	2	2	10	1	4

1人数	2人数	3人数	4人数	5人数	6人以下	平均人気	単勝1	単勝2	単勝3	単勝4	単勝5	最小	最大	オッズ和	組合せ総数
0	1	0	0	1	3	9	3.5	140.1	28.5	32.3	7	3.5	140.1	211.4	266,112通り
0	0	0	0	1	4	9.4	16	160.1	8.1	109.8	39.1	8.1	160.1	333.1	378,000通り
1	2	0	0	0	2	5.8	1.9	36	3.5	46.3	3.5	1.9	46.3	91.2	733,824通り
2	1	0	1	0	1	3.6	4	8.3	2.3	2.2	27.1	2.2	27.1	43.9	475,904通り
1	0	1	1	0	2	4.4	5.3	2.6	11.1	14.9	7.8	2.6	14.9	41.7	636,480通り
3	0	0	0	1	1	3.4	6.2	1.6	2.8	3.6	22.2	1.6	22.2	36.4	144,144通り
1	1	1	0	0	2	5.2	7.1	2.1	49.9	15.4	3.4	2.1	49.9	77.9	673,920通り
2	1	0	0	0	2	3.2	6.6	13.9	4.6	12.2	1.7	1.7	13.9	39	829,440通り
2	0	1	0	0	2	5.4	100	3.4	20.9	1.3	6.7	1.3	100	132.3	599,040通り
2	1	0	0	0	3	3.8	13.6	4.1	13.5	5.1	2.8	2.8	13.6	39.1	304,200通り
0	1	1	1	0	2	4.4	3.2	13.1	6.2	15.8	8.6	3.2	15.8	46.9	345,600通り
2	2	0	0	0	1	4	5.5	4.2	70	1.8	4.3	1.8	70	85.8	1,253,376通り
0	0	1	0	3	1	5.2	22.8	7.9	7.9	11.1	8.6	9.4	7.9	22.8	59.8	423,360通り
4	1	0	0	0	0	1.2	3.1	4.4	2	1.7	4	1.7	4.4	15.2	165,888通り
2	1	0	0	0	2	5	4.2	28	2.6	2.5	93.1	2.5	93.1	130.4	561,600通り
3	0	0	1	0	1	3.4	39.4	3	4.3	2.8	19.2	2.8	39.4	68.7	315,392通り
3	0	0	0	1	1	3	2.3	2.6	3.9	14.2	8.6	2.3	14.2	31.6	512,512通り
1	0	2	0	1	1	3.8	17.2	4.9	15.7	4.2	6.6	4.2	17.2	48.6	143,143通り
2	0	1	0	0	2	5	2.4	80.4	3.6	10.1	5.4	2.4	80.4	101.9	524,160通り
1	0	1	0	1	2	5.8	22.3	9.9	51.9	3.4	8.4	3.4	51.9	95.9	479,232通り
1	1	2	0	0	1	4	28.1	6.5	1.7	6.5	8.2	1.7	28.1	51	604,800通り
2	0	1	1	0	1	2.8	6.5	5.1	1.7	8.4	5	1.7	8.4	26.7	495,616通り
2	0	1	1	0	1	3.2	2.4	16.5	7	4.9	3.7	2.4	16.5	34.5	806,400通り
3	1	0	1	0	0	1.8	4.2	1.9	2.3	7	1.9	1.9	7	17.3	779,688通り
2	1	0	0	0	2	4.6	22.1	4.8	2.3	2.6	24	2.3	24	55.8	617,760通り
3	2	0	0	0	0	1.4	3.2	3.6	6.1	3.9	3.8	3.2	6.1	20.6	428,400通り
2	0	2	0	0	1	3.4	2.5	4.8	30.8	2.9	4.7	2.5	30.8	45.7	589,680通り
2	0	1	2	0	0	2.6	4.3	11.5	7.7	2.3	2.1	2.1	11.5	27.9	745,472通り
1	2	1	1	0	0	2.4	3	12.6	5.4	6.2	6.3	3	12.6	33.5	564,480通り
3	0	0	1	0	1	3	1.5	26.2	5	2.7	7.2	1.5	26.2	42.6	329,472通り
2	1	2	0	0	0	2	5.7	3.1	3.5	2.2	5.6	2.2	5.7	20.1	304,128通り
3	0	0	1	0	1	3	1.4	13	2.8	31.6	5.3	1.4	31.6	54.1	379,080通り
2	0	1	2	0	0	2.6	5.5	2.5	12.5	1.4	11.2	1.4	12.5	33.1	192,000通り
2	1	0	1	0	1	3.4	5.3	1.6	27.5	3.1	2.9	1.6	27.5	40.4	414,720通り
2	0	1	1	0	1	4	1.7	12.1	5.5	90.7	1.6	1.6	90.7	111.6	601,120通り
0	1	0	2	1	1	4.2	11.9	15.9	4.3	10.7	6.8	4.3	15.9	49.6	673,920通り
4	0	1	0	0	0	1.4	3	3.8	3.8	2.2	6.5	2.2	6.5	19.3	855,360通り
1	1	2	0	1	0	2.8	11.2	3.3	12.4	7.6	1.6	1.6	12.4	36.1	572,832通り
1	2	0	0	0	2	4	2	4.2	18.1	4.8	18.7	2	18.7	47.8	359,424通り
1	1	1	0	0	2	5	26.7	3.1	3.9	21.5	5.4	3.1	26.7	60.6	1,088,640通り
1	2	2	0	0	0	2.2	4.1	3.7	6.5	1.6	6.4	1.6	6.5	22.3	587,520通り
1	1	3	0	0	0	2.4	4.6	5.8	4.8	6.2	5.1	4.6	6.2	26.5	576,000通り
2	2	0	1	0	0	2	2.8	6	2.3	4.4	4.1	2.3	6	19.6	158,400通り

日付	概算売り上げ	配当	的中票数	人気1	人気2	人気3	人気4	人気5	人気和	最高	最低
2019.12.8	6億0732万円	8,502,510円	50票	2	6	2	7	4	21	2	7
2019.12.15	6億1231万円	273,700円	1,566票	6	1	1	3	1	12	1	6
2019.12.22	8億7127万円	24,395,460円	25票	4	8	6	4	2	24	2	8
2019.12.28	7億4365万円	39,440円	15,001票	1	1	2	2	2	8	1	2
2020.1.5	5億9691万円	483,600円	864票	3	2	3	2	3	13	2	3
2020.1.12	6億0028万円	65,590円	6,406票	2	2	1	1	2	8	1	2
2020.1.13	5億6338万円	394,365,860円	1票	8	1	12	3	4	28	1	12
2020.1.19	6億0900万円	17,052,050円	25票	5	5	1	2	7	20	1	7
2020.1.26	6億7592万円	473,610円	999票	3	1	7	2	1	14	1	7
2020.2.2	6億1987万円	433,907,040円	1票	9	1	14	3	3	30	1	14
2020.2.9	6億1338万円	2,213,230円	194票	2	1	7	4	1	15	1	7
2020.2.16	7億0351万円	101,490円	4,852票	1	4	1	1	3	10	1	4
2020.2.23	6億5382万円	8,321,350円	55票	4	3	4	6	1	18	1	6
2020.3.1	6億6124万円	3,728,580円	123票	1	7	1	6	1	16	1	7
2020.3.8	6億4964万円	1,142,580円	398票	1	1	8	2	2	14	1	8
2020.3.15	6億7008万円	1,804,050円	260票	3	4	1	5	6	19	1	6
2020.3.20	3億7991万円	52,098,250円	5票	4	3	4	5	12	28	3	12
2020.3.22	6億5528万円	45,869,740円	10票	3	6	4	2	6	21	2	6
2020.4.5	6億0775万円	1,240,300円	343票	5	2	3	4	2	16	2	5
2020.4.12	6億3862万円	2,539,970円	176票	1	4	2	9	2	18	1	9
2020.4.19	7億3914万円	1,394,600円	371票	4	6	2	3	1	16	1	6
2020.4.26	7億6027万円	15,618,470円	14票	3	13	5	1	4	26	1	13
2020.5.3	7億6330万円	754,670円	708票	1	3	10	1	1	16	1	10
2020.5.10	6億9839万円	16,857,800円	29票	3	3	10	2	9	27	2	10
2020.5.17	7億3104万円	325,710円	1,557票	8	4	1	1	1	15	1	8
2020.5.24	7億4638万円	137,410円	3,767票	1	2	1	3	1	8	1	3
2020.5.31	8億6707万円	437,280円	1,388票	1	2	7	9	1	20	1	9
2020.6.7	8億3340万円	23,335,180円	25票	6	5	2	4	3	20	2	6
2020.6.14	6億9683万円	9,786,840円	35票	3	2	2	7	9	23	2	9
2020.6.21	7億2725万円	2,077,840円	245票	1	11	1	2	1	16	1	11
2020.6.28	7億8451万円	549,700円	999票	2	3	2	5	2	14	2	5
2020.7.5	7億4328万円	30,605,840円	17票	2	1	2	13	8	26	1	13
2020.7.12	7億0100万円	218,280円	2,248票	1	1	2	5	3	12	1	5
2020.7.19	6億6299万円	0円	0票	8	3	15	18	2	46	2	18
2020.7.26	33億8133万円	816,800円	3,274票	1	5	2	4	2	14	1	5
2020.8.2	9億0761万円	2,715,060円	234票	1	4	1	11	1	18	1	11
2020.8.9	8億1979万円	3,736,950円	131票	1	2	2	1	7	13	1	7
2020.8.16	9億7039万円	1,326,700円	512票	1	2	2	10	4	19	1	10
2020.8.23	8億8108万円	1,223,720円	504票	5	2	8	1	2	18	1	8
2020.8.30	8億6228万円	35,505,610円	17票	10	4	3	5	2	24	2	10
2020.9.6	7億7116万円	482,400円	1,119票	4	5	1	2	2	14	1	5
2020.9.13	7億6607万円	656,140円	814票	3	1	4	1	4	13	1	4
2020.9.20	7億1323万円	1,789,470円	279票	1	1	7	3	6	18	1	7

1人数	2人数	3人数	4人数	5人数	6人以下	平均人気	単勝1	単勝2	単勝3	単勝4	単勝5	最小	最大	オッズ和	組合せ総数
0	2	0	1	0	2	4.2	5	12.9	3.4	20.8	11.2	3.4	20.8	53.3	540,672通り
3	0	1	0	0	1	2.4	13.9	2.9	2.9	5.6	2	2	13.9	27.3	974,848通り
0	1	0	2	0	2	4.8	7.4	18.9	14.1	5.9	6.7	5.9	18.9	53	851,968通り
2	3	0	0	0	0	1.6	2.3	2	4	4.3	3.7	2	4.3	16.3	798,720通り
0	2	3	0	0	0	2.6	5	4.3	5.4	4.3	5.5	4.3	5.5	24.5	548,352通り
2	3	0	0	0	0	1.6	4.3	5.3	1.4	2.6	4.2	1.4	5.3	17.8	432,000通り
1	0	1	1	0	2	5.6	26.2	4.7	93.3	8.4	5.9	4.7	93.3	138.5	698,880通り
1	1	0	0	2	1	4	6.3	22	2.6	4.9	20.9	2.6	22	56.7	387,072通り
2	1	1	0	0	1	2.8	5.1	1.8	15.5	3.8	3	1.8	15.5	29.2	221,184通り
1	0	2	0	0	2	6	40.5	3.3	77.4	7.2	9.9	3.3	77.4	138.3	876,096通り
2	1	0	0	0	1	3	2.3	4	3.4	29.8	7.8	2.3	29.8	47.3	425,984通り
3	0	1	1	0	0	2	1.9	6.7	2.8	2.7	6	1.9	6.7	20.1	308,448通り
1	0	1	2	0	1	3.6	9.5	7	18.1	15.5	2.8	2.8	18.1	52.9	465,920通り
3	0	0	0	0	2	3.2	2.1	19.2	5.1	22.3	2.5	2.1	22.3	51.2	233,280通り
2	2	0	0	0	1	2.8	2.5	2.6	25.7	4.4	2.8	2.5	25.7	38	585,728通り
1	0	1	1	1	1	3.8	6	7.7	1.3	13.8	17.9	1.3	17.9	46.7	539,136通り
0	0	1	2	1	1	5.6	11.7	7.2	9	9.4	79.3	7.2	79.3	116.6	401,408通り
0	1	1	1	0	2	4.2	9.5	13.7	9	5.9	16.6	5.9	16.6	54.7	281,600通り
0	2	1	1	1	0	3.2	6.1	5	5.4	7.3	4.1	4.1	7.3	27.9	479,232通り
1	2	0	1	0	1	3.6	2	7.5	5.8	17.8	4.2	2	17.8	37.3	622,080通り
1	1	1	1	0	1	3.2	6.1	8.9	4.6	7.5	2.7	2.7	8.9	29.8	589,824通り
1	0	1	1	1	1	5.2	5.7	63.4	11	1.6	11.4	1.6	63.4	93.1	670,208通り
3	0	1	0	0	1	3.2	2.6	6.6	21	3	2	2	21	35.2	709,632通り
0	1	2	0	0	2	5.4	4.7	4.6	19.4	3.4	29.6	3.4	29.6	61.7	497,664通り
3	0	0	1	0	1	3	11.9	7.9	3.9	2.7	1.4	1.4	11.9	27.8	864,000通り
3	1	1	0	0	0	1.6	4.1	4.5	2.8	6.2	1.6	1.6	6.2	19.2	958,464通り
2	1	0	0	0	2	4	1.9	3.7	15.5	18	1.4	1.4	18	40.5	706,860通り
0	1	1	1	1	1	4	19.1	8.4	4.5	13.4	12	4.5	19.1	57.4	419,328通り
0	2	1	0	0	2	4.6	5.5	3.8	5.8	14.7	22.1	3.8	22.1	51.9	760,320通り
3	1	0	0	0	1	3.2	3	49.8	2.5	5.1	2	2	49.8	62.4	1,105,920通り
0	3	1	0	1	0	2.8	3.3	5	3.6	8.5	4.1	3.3	8.5	24.5	1,032,192通り
1	2	0	0	0	2	5.2	2.9	4.7	5.4	93.1	20.2	2.9	93.1	126.3	295,680通り
2	1	1	0	0	0	2.4	3.4	1.5	3.8	11	7.4	1.5	11	27.1	860,160通り
0	1	1	0	0	3	9.2	23.6	6.3	77.3	163	4.3	4.3	163	274.5	1,036,800通り
1	2	0	1	1	0	2.8	2	8.2	5.2	8.5	7.8	2	8.5	31.7	383,292通り
3	0	0	1	0	1	3.6	2.3	11.7	2.7	43.7	2.6	2.3	43.7	63	617,400通り
2	2	0	0	0	1	2.6	2.5	4.4	6.8	3	22.3	2.5	22.3	39	582,120通り
1	2	0	1	0	1	3.8	1.7	3.3	4.1	26.3	7.5	1.7	26.3	42.9	353,808通り
1	2	0	0	1	0	3.6	12.8	3.1	14.9	4.1	3.7	3.1	14.9	38.6	544,320通り
0	1	1	1	1	1	4.8	38.8	7.3	5.8	15.5	4.3	4.3	38.8	71.7	494,208通り
1	2	0	1	1	0	2.8	5.8	9.5	2.7	6.3	5	2.7	9.5	29.3	302,400通り
2	0	1	2	0	0	2.6	6.2	2.4	8.5	3	7.2	2.4	8.5	27.3	624,240通り
2	0	1	0	0	2	3.6	1.8	3	20.2	5.1	14.9	1.8	20.2	45	838,656通り

日付	概算売り上げ	配当	的中票数	人気1	人気2	人気3	人気4	人気5	人気和	最高	最低
2020.9.21	7億1263万円	568,400円	1,003票	2	2	1	6	4	15	1	6
2020.9.27	10億0908万円	164,760円	4,287票	1	1	4	1	5	12	1	5
2020.10.4	8億3096万円	58,060円	10,017票	1	1	3	4	1	10	1	4
2020.10.11	8億4618万円	222,760円	2,659票	1	1	6	3	1	12	1	6
2020.10.18	9億2079万円	30,692,920円	21票	13	1	6	8	1	29	1	13
2020.10.25	10億6678万円	84,020円	8,777票	1	6	2	2	1	12	1	6
2020.11.1	9億9322万円	30,830円	22,548票	2	1	4	2	1	10	1	4
2020.11.8	8億1144万円	4,403,170円	129票	4	6	6	3	1	20	1	6
2020.11.15	7億5764万円	2,574,490円	206票	5	3	2	2	1	13	1	5
2020.11.22	8億1785万円	2,820,180円	203票	2	3	8	9	1	23	1	9
2020.11.23	6億6983万円	102,210円	4,587票	4	1	4	1	1	11	1	4
2020.11.29	9億5557万円	3,155,170円	212票	1	2	5	7	1	16	1	7
2020.12.6	8億5557万円	28,518,880円	21票	4	4	8	4	1	21	1	8
2020.12.13	8億3943万円	1,550,900円	433票	4	3	4	3	1	15	1	4
2020.12.20	8億9030万円	13,189,660円	54票	2	5	4	1	7	19	1	7
2020.12.26	7億1075万円	20,730,220円	24票	1	3	1	4	12	21	1	12
2020.12.27	13億8636万円	8,438,440円	114票	15	1	4	2	1	23	1	15
2021.1.5	6億4238万円	49,962,820円	9票	2	1	7	1	12	23	1	12
2021.1.10	7億2790万円	1,464,170円	348票	1	8	1	1	4	15	1	8
2021.1.11	6億9491万円	481,783,190円	1票	4	5	14	3	5	31	3	14
2021.1.17	7億9564万円	795,640円	700票	1	3	3	7	1	15	1	7
2021.1.24	8億1942万円	170,710円	3,360票	6	1	4	2	1	14	1	6
2021.1.31	8億2739万円	1,115,940円	519票	1	2	8	4	1	16	1	8
2021.2.7	7億9448万円	1,885,200円	295票	2	4	2	3	5	16	2	5
2021.2.14	7億9527万円	244,690円	2,275票	2	4	4	1	4	15	1	4
2021.2.21	8億4136万円	39,263,590円	15票	2	9	11	2	1	25	1	11
2021.2.28	9億0096万円	427,570円	1,475票	1	9	4	1	1	16	1	9
2021.3.7	8億7501万円	47,116,100円	13票	2	11	5	1	4	23	1	11
2021.3.14	7億9207万円	554,446,060円	1票	4	4	10	8	3	29	3	10
2021.3.21	8億4769万円	15,615,390円	38票	8	4	1	3	3	19	1	8
2021.3.28	8億2573万円	64,223,700円	9票	9	4	2	6	2	23	2	9
2021.4.4	8億8524万円	56,333,400円	11票	4	10	4	5	4	27	4	10
2021.4.11	8億2080万円	3,730,880円	154票	2	3	12	1	2	20	1	12
2021.4.18	8億3635万円	411,120円	1,424票	4	1	5	1	2	13	1	5
2021.4.25	7億9292万円	235,660円	2,324票	1	1	1	2	5	10	1	5
2021.5.2	8億0050万円	2,933,760円	191票	1	7	1	5	3	17	1	7
2021.5.9	7億5637万円	3,189,520円	166票	7	5	3	2	2	19	2	7
2021.5.16	8億7403万円	305,911,340円	2票	16	6	5	7	1	35	1	16
2021.5.23	7億7738万円	272,082,120円	2票	5	2	14	6	3	30	2	14
2021.5.30	8億6267万円	4,506,490円	134票	5	1	2	3	4	15	1	5
2021.6.6	8億8007万円	102,674,510円	6票	2	5	6	8	8	29	2	8
2021.6.13	7億5084万円	2,795,680円	188票	7	1	5	2	3	18	1	7
2021.6.20	7億3581万円	21,235,050円	22票	1	2	2	10	7	22	1	10

1人数	2人数	3人数	4人数	5人数	6人以下	平均人気	単勝1	単勝2	単勝3	単勝4	単勝5	最小	最大	オッズ和	組合せ総数
1	2	0	1	0	1	3	3.3	3.7	2.4	15.9	5.9	2.4	15.9	31.2	473,088通り
3	0	0	1	1	0	2.4	2.1	2.7	8.9	1.1	9.1	1.1	9.1	23.9	456,192通り
3	0	1	1	0	0	2	2.2	1.6	4.9	8.3	2.2	1.6	8.3	19.2	450,560通り
3	0	1	0	0	1	2.4	2.8	2.7	15.4	6.2	1.3	1.3	15.4	28.4	861,696通り
2	0	0	0	0	3	5.8	53.1	1.9	14.7	37.5	1.4	1.4	53.1	108.6	958,464通り
2	2	0	0	0	1	2.4	1.9	9	4.2	6	1.1	1.1	9	22.2	727,056通り
2	2	0	1	0	0	2	2.7	3	5.1	4.4	1.4	1.4	5.1	16.6	580,608通り
1	0	1	1	0	2	4	12.4	12.8	12.4	5.3	3.4	3.4	12.8	46.3	645,120通り
1	2	0	1	0	0	2.6	10.3	6.1	6.4	4.7	3.3	3.3	10.3	30.8	1,253,376通り
1	1	0	0	0	2	4.6	2.5	4.6	34.6	19.2	1.6	1.6	34.6	62.5	382,976通り
3	0	0	2	0	0	2.2	7.9	1.9	7.2	1.7	2.4	1.7	7.9	21.1	281,600通り
2	1	0	0	0	1	3.2	3.2	3	8.9	32.2	2.2	2.2	32.2	49.5	633,600通り
1	0	0	3	0	1	4.2	8.5	11.4	30.3	13.3	2.1	2.1	30.3	65.6	811,008通り
1	0	2	2	0	0	3	6.1	7.4	7.8	6.5	3.2	3.2	7.8	31	589,824通り
1	1	0	1	1	1	3.8	5.3	12.7	9.3	3.6	17.5	3.6	17.5	48.4	983,040通り
2	0	1	1	0	1	4.2	1.7	5.1	2.1	9.6	72.4	1.7	72.4	90.9	591,360通り
2	1	0	1	0	1	4.6	61.5	2.5	7.4	5.5	3.8	2.5	61.5	80.7	851,968通り
2	1	0	0	0	2	4.6	5.2	3.1	26.5	3.1	43.3	3.1	43.3	81.2	685,440通り
3	0	0	1	0	1	3	3.5	17.2	1.8	3.4	13	1.8	17.2	38.9	983,040通り
0	0	1	1	2	1	6.2	8.1	9.5	114.8	5.5	7.9	5.5	114.8	145.8	983,040通り
2	0	2	0	0	1	3	4.1	6.1	3.9	19.6	3.1	3.1	19.6	36.8	786,432通り
2	1	0	0	0	1	2.8	10.6	1.2	6.2	6.2	2.4	1.2	10.6	26.6	628,320通り
2	1	0	0	0	1	3.2	1.9	3.1	40.5	6.6	2.5	1.9	40.5	54.6	881,280通り
0	2	1	1	1	0	3.2	3	11.2	3.9	4.7	11.6	3	11.6	34.4	278,784通り
1	1	0	3	0	0	3	3.1	8.2	9.7	1.8	6.8	1.8	9.7	29.6	570,240通り
1	2	0	0	0	2	5	5.2	68.7	23.8	3.1	3.3	3.1	68.7	104.1	599,040通り
3	0	1	0	0	1	3.2	1.4	28.9	7.8	2.4	2.5	1.4	28.9	43	548,352通り
1	1	0	1	1	1	4.6	4.2	28.7	10.9	2.7	17.9	2.7	28.7	64.4	366,080通り
0	0	1	2	0	2	5.8	9.6	8.5	227.3	13.9	6.3	6.3	227.3	265.6	491,400通り
1	0	2	1	0	1	3.8	22.3	7.6	2.1	10.3	7.1	2.1	22.3	49.4	748,800通り
0	2	0	1	0	2	4.6	46.9	7.5	5	21.4	6	5	46.9	86.8	691,200通り
0	0	0	3	1	1	5.4	7.1	28.2	10.4	11.8	12.2	7.1	28.2	69.7	393,120通り
1	2	1	0	0	1	4	4.9	7.1	30.1	3.2	3.6	3.2	30.1	48.9	604,800通り
2	1	0	1	1	0	2.6	9	1.9	11.8	2.9	3.7	1.9	11.8	29.3	921,600通り
3	1	0	0	1	0	2	2.9	2.2	4.4	5.2	11.8	2.2	11.8	26.5	1,044,480通り
2	0	1	0	1	1	3.4	4.4	12.9	4.3	9.3	5.2	4.3	12.9	36.1	636,480通り
0	2	1	0	1	1	3.8	10.6	9.5	5.5	4.3	3.7	3.7	10.6	33.6	786,240通り
1	0	0	0	1	3	7	113.5	16.9	12.9	16.6	1.3	1.3	113.5	161.2	870,912通り
0	1	1	0	1	2	6	8.5	4.1	59.3	13.5	8.9	4.1	59.3	94.3	995,328通り
1	1	1	1	1	0	3	15.9	2.6	4.5	5.3	11.7	2.6	15.9	40	1,410,048通り
0	1	0	0	1	3	5.8	2.8	10.1	8.8	24.1	47.6	2.8	47.6	93.4	352,800通り
1	1	1	0	1	1	3.6	12.4	2.8	8	5.3	6.8	2.8	12.4	35.3	811,008通り
1	2	0	0	0	2	4.4	3.9	3.8	4.8	20.5	13.4	3.8	20.5	46.4	1,105,920通り

日付	概算売り上げ	配当	的中票数	人気1	人気2	人気3	人気4	人気5	人気和	最高	最低
2021.6.27	9億7419万円	2,054,000円	332票	4	3	2	10	1	20	1	10
2021.7.4	8億2220万円	597,030円	964票	1	1	2	8	4	16	1	8
2021.7.11	7億4406万円	5,540,830円	94票	2	5	2	9	2	20	2	9
2021.7.18	7億1852万円	1,449,340円	281票	3	10	2	1	1	17	1	10
2021.7.25	7億0232万円	3,668,810円	134票	1	2	1	12	1	17	1	12
2021.8.1	7億1018万円	1,807,730円	275票	1	2	14	3	2	22	1	14
2021.8.8	6億5693万円	892,910円	515票	1	5	4	4	1	15	1	5
2021.8.15	7億6712万円	973,570円	550票	3	1	1	6	4	15	1	6
2021.8.22	7億4925万円	12,487,510円	42票	6	7	5	6	2	26	2	7
2021.8.29	8億2584万円	815,350円	709票	2	1	3	3	3	12	1	3
2021.9.5	7億8240万円	2,263,130円	242票	2	1	1	4	12	20	1	12
2021.9.12	7億4452万円	4,343,060円	120票	1	5	13	1	7	27	1	13
2021.9.19	6億3817万円	378,250円	1,181票	2	3	2	4	5	16	2	5
2021.9.20	7億0906万円	70,906,130円	8票	1	1	2	12	9	25	1	12
2021.9.26	8億4284万円	196,010円	3,010票	1	1	4	2	2	10	1	4
2021.10.3	7億3744万円	1,638,740円	315票	6	2	2	4	3	17	2	6
2021.10.10	7億3596万円	36,369,010円	14票	4	2	7	9	1	23	1	9
2021.10.17	7億6528万円	1,488,040円	360票	1	1	4	5	4	15	1	5
2021.10.24	7億6468万円	1,677,980円	319票	3	2	1	2	4	12	1	4
2021.10.31	8億5072万円	10,447,480円	57票	7	7	6	2	3	25	2	7
2021.11.7	7億2281万円	332,430円	1,522票	2	1	2	1	5	11	1	5
2021.11.14	7億7269万円	67,610,050円	8票	3	3	5	11	10	32	3	11
2021.11.21	7億9488万円	159,750円	3,483票	4	1	6	1	1	13	1	6
2021.11.28	8億3559万円	171,270円	3,415票	2	2	3	2	1	10	1	3
2021.12.5	7億6952万円	2,493,820円	216票	3	4	1	1	5	14	1	5
2021.12.12	7億7298万円	236,900円	2,284票	2	2	3	1	3	11	1	3
2021.12.19	7億8586万円	10,918,950円	50票	3	5	6	1	3	18	1	6
2021.12.26	12億5248万円	1,666,800円	526票	7	1	5	6	1	20	1	7
2021.12.28	8億7227万円	4,683,350円	149票	3	2	6	1	9	21	1	9
2022.1.5	6億1465万円	1,929,390円	223票	2	2	1	4	7	16	1	7
2022.1.9	7億5632万円	393,910円	1,344票	1	1	4	1	4	11	1	4
2022.1.10	7億3726万円	238,370円	2,165票	1	4	2	5	1	13	1	5
2022.1.16	8億0803万円	16,635,980円	34票	2	2	8	3	6	21	2	8
2022.1.23	8億6461万円	30,261,490円	20票	9	1	3	7	3	23	1	9
2022.1.30	8億6187万円	9,004,600円	67票	5	1	11	2	6	25	1	11
2022.2.6	7億3998万円	175,580円	2,950票	1	3	2	2	4	12	1	4
2022.2.13	7億8834万円	9,854,270円	56票	1	4	6	12	3	26	1	12
2022.2.20	8億1566万円	398,430円	1,433票	2	3	1	2	2	10	1	3
2022.2.27	7億8764万円	1,645,820円	335票	1	2	11	1	2	17	1	11
2022.3.6	7億9292万円	1,305,970円	425票	6	4	1	5	3	19	1	6
2022.3.13	7億5719万円	3,510,150円	151票	1	5	1	2	8	17	1	8
2022.3.20	7億9608万円	63,940円	8,714票	2	1	3	1	5	12	1	5
2022.3.21	7億0386万円	72,230円	6,821票	4	1	1	1	2	9	1	4

1人数	2人数	3人数	4人数	5人数	6人以下	平均人気	単勝1	単勝2	単勝3	単勝4	単勝5	最小	最大	オッズ和	組合せ総数
1	1	1	1	0	1	4	8.9	6.1	3.7	26.4	1.8	1.8	26.4	46.9	499,200通り
2	1	0	1	0	1	3.2	1.4	4.5	3.7	18.2	7.8	1.4	18.2	35.6	192,192通り
0	3	0	0	1	1	4	2.7	14.1	4.3	19.8	5.9	2.7	19.8	46.8	491,520通り
2	1	1	0	0	1	3.4	6.4	20.7	4.5	4.4	4.1	4.1	20.7	40.1	559,104通り
3	1	0	0	0	1	3.4	1.8	3.6	2.8	88	4.1	1.8	88	100.3	524,160通り
1	2	1	0	0	1	4.4	1.7	3.4	54.9	5	4.8	1.7	54.9	69.8	518,400通り
2	0	0	2	1	0	3	2.9	7.4	7.6	9.3	2.8	2.8	9.3	30	846,720通り
2	0	1	1	0	1	3	5.9	1.8	4.2	9.6	9.7	1.8	9.7	31.2	264,384通り
0	1	0	0	0	3	5.2	20.5	11.8	8.8	12.6	3.8	3.8	20.5	57.5	589,680通り
1	1	3	0	0	0	2.4	7.9	3.8	4.3	4.9	4.5	3.8	7.9	25.4	483,840通り
2	1	0	1	0	0	4	6.8	1.6	2.8	6.4	42.8	1.6	42.8	60.4	408,000通り
2	0	0	1	0	0	5.4	2.1	12	32.4	1.9	15.4	1.9	32.4	63.8	848,640通り
0	2	1	1	1	0	3.2	3.3	4.1	4.4	5.8	10.1	3.3	10.1	27.7	777,600通り
2	1	0	0	0	2	5	2.4	2.9	4.1	56.1	42.7	2.4	56.1	108.2	244,608通り
2	2	0	1	0	0	2	2.1	1.9	9.7	3	4.7	1.9	9.7	21.4	532,480通り
0	2	1	1	0	1	3.4	14.2	4.3	3.7	6	5.3	3.7	14.2	33.5	393,216通り
1	1	0	0	1	2	4.6	7.1	3.6	18.4	32.1	2.6	2.6	32.1	63.8	737,100通り
2	0	0	2	1	0	3	2.7	2.4	8.3	10.9	8.9	2.4	10.9	33.2	1,244,160通り
1	2	1	1	0	0	2.4	13	3.4	2.6	5.8	8	2.6	13	32.8	310,464通り
0	1	1	0	0	3	5	18.1	10.2	11.2	4.2	3.4	3.4	18.1	47.1	1,105,920通り
2	2	0	0	1	0	2.2	3.3	1.8	4.7	3	13	1.8	13	25.8	806,400通り
0	0	2	0	1	2	6.4	4.4	6.3	9	26.3	64.9	4.4	64.9	110.9	626,688通り
3	0	0	1	0	1	2.6	6.5	1.2	14	3.5	1.7	1.2	14	26.9	506,880通り
1	3	1	0	0	0	2	3	4.4	5.1	5.6	1.6	1.6	5.6	19.7	811,008通り
2	0	1	1	1	0	2.8	5.4	9.5	4.4	3.3	15.5	3.3	15.5	38.1	425,984通り
1	2	2	0	0	0	2.2	4.8	4.7	6.4	3.5	5.6	3.5	6.4	25	870,912通り
1	0	2	0	0	1	3.6	8.5	11.1	18	3.5	7.8	3.5	18	48.9	806,400通り
2	0	0	0	1	2	4	24.1	1.6	8.4	10.3	2.1	1.6	24.1	46.5	532,480通り
1	1	1	0	0	2	4.2	4.1	3.1	14.8	2.5	24.6	2.5	24.6	49.1	460,800通り
1	2	0	1	0	0	3.2	4	3.1	2.1	15.9	13.9	2.1	15.9	39	509,184通り
3	0	0	2	0	0	2.2	1.9	3.6	7.7	4.3	10.2	1.9	10.2	27.7	748,800通り
2	1	0	0	0	0	2.6	1.7	8.6	4.3	7.1	2.7	1.7	8.6	24.4	448,800通り
0	2	1	0	0	2	4.2	4	5	33.8	5.6	13.2	4	33.8	61.6	983,040通り
1	0	2	0	0	1	4.6	36.9	3	6.5	15.7	7.8	3	36.9	69.9	451,584通り
1	1	0	0	0	2	5	12.1	2.6	20.9	4	11.5	2.6	20.9	51.1	456,192通り
1	2	1	0	0	0	2.4	2.3	5	4.1	4	5.3	2.3	5.3	20.7	443,520通り
1	0	1	0	0	2	5.2	2.2	8.2	10.7	51.5	3.9	2.2	51.5	76.5	535,392通り
1	3	1	0	0	0	2	3.9	5.9	4.4	4.4	5.1	3.9	5.9	23.7	405,504通り
2	2	0	0	0	1	3.4	2.2	4.7	29.8	3.1	4.4	2.2	29.8	44.2	838,656通り
1	0	1	1	1	1	3.8	18.7	6.6	1.6	11.7	6.7	1.6	18.7	45.3	325,248通り
2	1	0	0	0	1	3.4	3.9	8.8	2	7.9	39.8	2	39.8	62.4	611,520通り
2	1	1	0	1	0	2.4	4.9	1.5	6.1	1.2	7	1.2	7	20.7	692,224通り
3	1	0	1	0	0	1.8	7.7	1.6	1.8	1.9	4.4	1.6	7.7	17.4	368,640通り

日付	概算売り上げ	配当	的中票数	人気1	人気2	人気3	人気4	人気5	人気和	最高	最低
2022.3.27	7億6132万円	1,572,040円	339票	1	3	4	2	8	18	1	8
2022.4.3	8億1646万円	30,079,950円	19票	4	1	10	4	8	27	1	10
2022.4.10	7億2999万円	292,330円	1,748票	1	1	3	1	7	13	1	7
2022.4.17	7億3654万円	3,202,330円	161票	3	2	5	2	5	17	2	5
2022.4.24	7億4529万円	3,622,950円	144票	6	1	2	6	5	20	1	6
2022.5.1	7億7256万円	242,280円	2,232票	1	1	5	1	2	10	1	5
2022.5.8	6億9845万円	4,365,300円	112票	5	2	7	3	4	21	2	7
2022.5.15	7億2720万円	15,869,050円	32票	4	5	6	3	4	22	3	6
2022.5.22	7億0428万円	305,190円	1,605票	1	1	2	2	3	9	1	3
2022.5.29	7億8756万円	8,107,180円	68票	3	6	5	6	3	23	3	6
2022.6.5	7億9009万円	2,404,610円	230票	4	1	2	3	4	14	1	4
2022.6.12	7億2174万円	2,220,760円	225票	1	9	1	2	4	17	1	9
2022.6.19	6億6832万円	3,544,110円	132票	2	1	3	10	7	23	1	10
2022.6.26	7億8008万円	4,906,120円	104票	7	4	7	2	2	22	2	7
2022.7.3	6億2831万円	530,530円	829票	1	2	4	2	3	12	1	4
2022.7.10	6億5716万円	9,019,820円	51票	4	2	8	4	6	24	2	8
2022.7.17	6億6966万円	1,335,490円	351票	1	4	5	3	7	20	1	7
2022.7.24	6億1002万円	631,670円	676票	5	2	1	6	2	16	1	6
2022.7.31	6億4776万円	4,209,180円	107票	1	2	6	2	7	18	1	7
2022.8.7	6億2539万円	3,242,750円	135票	1	8	2	9	7	27	1	9
2022.8.14	6億4722万円	43,720円	10,337票	1	1	4	2	1	9	1	4
2022.8.21	6億6933万円	93,706,710円	5票	1	7	16	5	3	32	1	16
2022.8.28	6億1363万円	2,310,770円	178票	1	9	2	6	4	22	1	9
2022.9.4	6億0797万円	42,557,730円	10票	7	7	2	4	10	30	2	10
2022.9.11	6億2703万円	29,040円	14,109票	1	4	1	1	1	8	1	4
2022.9.18	5億3863万円	13,429,370円	28票	4	1	10	1	8	24	1	10
2022.9.19	5億4982万円	68,210円	6,448票	3	1	1	3	3	11	1	3
2022.9.25	6億4733万円	45,313,190円	10票	5	9	6	5	5	30	5	9
2022.10.2	5億5394万円	896,990円	427票	1	4	1	4	8	18	1	8
2022.10.9	5億4173万円	612,060円	616票	6	1	3	3	1	14	1	6
2022.10.10	5億1415万円	225,360円	1,597票	1	2	2	2	2	9	1	2
2022.10.16	6億9194万円	1,341,710円	361票	4	1	1	7	3	16	1	7
2022.10.23	7億1691万円	3,116,990円	161票	1	5	8	1	2	17	1	8
2022.10.30	8億4557万円	186,010円	3,182票	2	1	1	2	1	7	1	2
2022.11.6	7億3075万円	15,500,790円	33票	1	2	2	6	11	22	1	11
2022.11.13	6億8109万円	9,168,530円	52票	1	9	10	1	4	25	1	10
2022.11.20	6億8198万円	641,640円	744票	2	1	8	1	6	18	1	8
2022.11.27	6億3041万円	53,450円	8,255票	1	2	1	1	3	8	1	3
2022.12.4	6億9625万円	3,583,620円	136票	1	1	7	3	5	17	1	7
2022.12.11	6億6164万円	25,950円	17,842票	1	2	2	1	1	7	1	2
2022.12.18	6億5381万円	507,950円	901票	4	2	2	2	1	11	1	4
2022.12.25	10億8968万円	3,739,110円	204票	7	7	2	1	1	18	1	7
2022.12.28	8億0832万円	49,742,480円	13票	6	14	2	1	2	25	1	14

1人数	2人数	3人数	4人数	5人数	6人以下	平均人気	単勝1	単勝2	単勝3	単勝4	単勝5	最小	最大	オッズ和	組合せ総数
1	1	1	1	0	1	3.6	2.2	4.3	6.7	5.8	27.8	2.2	27.8	46.8	1,327,104通り
1	0	0	2	0	2	5.4	7.2	2	21.4	8.2	58.7	2	58.7	97.5	194,400通り
3	0	1	0	0	1	2.6	2.4	1.6	5.2	4.7	14.5	1.6	14.5	28.4	368,640通り
0	2	1	0	2	0	3.4	5.2	6.6	9.7	3.8	9.1	3.8	9.7	34.4	958,464通り
1	1	0	0	1	2	4	16.9	1.4	5.3	7.8	13.6	1.4	16.9	45	864,000通り
3	1	0	0	1	0	2	4.6	3.1	8.9	2.7	4.9	2.7	8.9	24.2	475,200通り
0	1	1	1	1	1	4.2	15.9	2.8	14.2	6.2	7.1	2.8	15.9	46.2	486,000通り
0	0	1	2	1	1	4.4	7.8	9.9	16.6	8	5.7	5.7	16.6	48	299,520通り
2	2	1	0	0	0	1.8	2	4.1	4.2	5.1	6.5	2	6.5	21.9	739,840通り
0	0	2	0	1	2	4.6	4.1	13.6	10.5	13.8	4.2	4.1	13.8	46.2	793,152通り
1	1	1	2	0	0	2.8	16.3	3.9	4.3	4.8	8.2	3.9	16.3	37.5	483,840通り
2	1	0	1	0	0	3.4	2.3	40.6	2.1	3.7	7.3	2.1	40.6	56	432,000通り
1	1	1	0	0	2	4.6	4.3	2.8	4.9	14.6	20.1	2.8	20.1	46.7	614,400通り
0	2	0	1	0	2	4.4	12.7	7.5	12.6	4.7	4.2	4.2	12.7	41.7	696,320通り
1	2	1	1	0	0	2.4	3.1	6.1	6.3	5	7.2	3.1	7.2	27.7	445,536通り
0	1	0	2	0	0	4.8	8.8	3	15.1	7	16.2	3	16.2	50.1	532,480通り
1	0	1	0	1	0	4	1.3	5.4	8.3	7	18.8	1.3	18.8	40.8	319,488通り
1	2	0	0	1	1	3.2	9.6	3.1	3	11.6	4.4	3	11.6	31.7	384,000通り
1	2	0	0	0	2	3.6	1.7	3	21.2	6.7	17.3	1.7	21.2	49.9	424,116通り
1	1	0	0	0	3	5.4	1.8	14.3	3.3	16.9	21.6	1.8	21.6	57.9	544,320通り
3	1	0	1	0	0	1.8	1.5	1.7	6.7	5	3.8	1.5	6.7	18.7	480,480通り
1	0	1	0	1	0	6.4	1.8	19.3	164.3	8.7	4.6	1.8	164.3	198.7	544,320通り
1	1	0	1	0	0	4.4	1.5	23.4	3.9	12.3	8.1	1.5	23.4	49.2	392,040通り
0	1	0	1	0	3	6	12.9	22.4	3.8	7.4	22	3.8	22.4	68.5	540,540通り
4	0	0	1	0	0	1.6	2	7.7	2.1	1.7	4.7	1.7	7.7	18.2	340,704通り
2	0	0	1	0	0	4.8	10	1.3	22.4	2.7	32.1	1.3	32.1	68.5	655,200通り
2	0	3	0	0	0	2.2	5.2	1.5	1.6	6.3	5.1	1.5	6.3	19.7	343,200通り
0	0	0	0	3	2	6	19.5	24.5	11.9	11	19.5	11	24.5	86.4	735,488通り
2	0	0	2	0	1	3.6	1.7	9.8	1.7	7.5	20.3	1.7	20.3	41	301,056通り
2	0	2	0	0	1	2.8	12.8	1.5	6.5	5.8	3	1.5	12.8	29.6	394,240通り
1	4	0	0	0	0	1.8	3.5	4	4.4	7.4	3.6	3.5	7.4	22.9	430,080通り
2	0	1	1	0	1	3.2	7.4	1.8	3.6	17.2	5.7	1.8	17.2	35.7	580,608通り
2	1	0	0	1	1	3.4	1.6	9.3	21.5	2.8	4.1	1.6	21.5	39.3	378,000通り
3	2	0	0	0	0	1.4	4.9	1.4	4.4	9	2.6	1.4	9	22.3	907,200通り
1	2	0	0	0	0	4.4	2	4.3	4.6	17.7	90.7	2	90.7	119.3	599,040通り
2	0	0	1	1	0	5	1.8	20.5	24.3	2.8	8.1	1.8	24.3	57.5	1,244,160通り
2	1	0	0	0	2	3.6	2.8	2.6	19.3	2.1	9.2	2.1	19.3	36	366,520通り
3	1	1	0	0	0	1.6	3.2	4.8	1.8	3	4.5	1.8	4.8	17.3	958,464通り
2	0	1	0	1	1	3.4	2.7	2.6	15.1	7.9	12.7	2.6	15.1	41	688,128通り
3	2	0	0	0	0	1.4	3.8	3	5.2	1.9	2.6	1.9	5.2	16.5	608,256通り
1	3	0	1	0	0	2.2	7.9	3.7	5.4	5.9	3.1	3.1	7.9	26	1,044,480通り
2	1	0	0	0	2	3.6	24.2	12.5	5.4	3.8	2.3	2.3	24.2	48.2	798,720通り
1	2	0	0	0	2	5	28.2	90.6	5.2	2.3	4.8	2.3	90.6	131.1	838,656通り

日付	概算売り上げ	配当	的中票数	人気1	人気2	人気3	人気4	人気5	人気和	最高	最低
2023. 1. 5	5億2731万円	179,610円	2,055票	2	2	1	1	5	11	1	5
2023. 1. 8	6億5847万円	13,169,410円	35票	12	1	5	2	2	22	1	12
2023. 1. 9	6億3018万円	33,932,890円	13票	1	5	3	11	9	29	1	11
2023. 1.15	6億9069万円	822,240円	588票	4	2	5	2	2	15	2	5
2023. 1.22	7億2036万円	4,848,540円	104票	1	9	4	2	4	20	1	9
2023. 1.29	7億2927万円	29,690円	17,191票	1	1	2	2	1	7	1	2
2023. 2. 5	7億1778万円	102,930円	4,881票	1	2	1	1	4	9	1	4
2023. 2.12	7億3782万円	276,330円	1,869票	1	3	4	1	3	12	1	4
2023. 2.19	7億2397万円	57,020円	8,887票	3	1	2	2	1	9	1	3
2023. 2.26	7億9601万円	70,530円	7,897票	1	1	2	2	5	11	1	5
2023. 3. 5	7億2166万円	18,041,510円	28票	1	5	3	8	3	20	1	8
2023. 3.12	7億3625万円	741,550円	695票	1	5	1	2	1	10	1	5
2023. 3.19	7億7552万円	2,350,070円	231票	4	1	5	2	2	14	1	5
2023. 3.26	7億1473万円	38,485,560円	13票	2	4	7	5	12	30	2	12
2023. 4. 2	6億9876万円	3,074,250円	155票	1	2	4	10	2	19	1	10
2023. 4. 9	7億3665万円	495,340円	1,041票	1	2	11	2	1	17	1	11
2023. 4.16	7億2310万円	52,000円	9,734票	2	1	2	1	2	8	1	2
2023. 4.23	6億7388万円	751,130円	628票	1	1	3	1	7	13	1	7
2023. 4.30	7億7078万円	418,250円	1,290票	4	3	1	2	2	12	1	4
2023. 5. 7	6億4554万円	75,313,210円	6票	2	9	5	2	9	27	2	9
2023. 5.14	7億1227万円	579,080円	861票	1	1	4	5	4	15	1	5
2023. 5.21	7億2335万円	42,195,310円	12票	4	15	6	3	1	29	1	15
2023. 5.28	7億0330万円	587,470円	838票	2	5	1	1	4	13	1	5
2023. 6. 4	6億8017万円	318,470円	1,495票	1	1	6	5	4	17	1	6
2023. 6.11	6億3867万円	939,220円	476票	1	7	3	1	1	13	1	7
2023. 6.18	6億3829万円	49,270円	9,067票	2	1	3	1	1	8	1	3
2023. 6.25	8億6079万円	99,890円	6,032票	1	3	3	1	2	10	1	3
2023. 7. 2	6億8587万円	3,077,600円	156票	3	2	2	7	3	17	2	7

●有馬記念デーは狙い目だ!

　673回の結果を並べてみました。Targetなどを駆使すれば見ることはできると思いますが、紙媒体で一覧できるとまた見え方が異なってくることでしょう。コロナ禍以前は売上も4億円代に落ちることもありましたが、最近は6、7億円を安定して売っています。結局のところ、売上の規模が小さければ超高額配当のチャンスも低くなる。発売当初は毎週のように10億円を超えていたときと比べると、売上が伸び悩んでいる感もありますが、それでもキャリーオーバーがあれば、次の開催では数十億円単位の売上となり、競馬ファンの多くが注目しているのは間違いありません。1年でもっとも売上が高い日の有馬記念デーのWIN5も10億円の売上を

1人数	2人数	3人数	4人数	5人数	6人以下	平均人気	単勝1	単勝2	単勝3	単勝4	単勝5	最小	最大	オッズ和	組合せ総数
2	2	0	0	1	0	2.2	4.8	3.5	3	4.5	7.4	3	7.4	23.2	905,216通り
1	2	0	0	1	1	4.4	65.9	3.4	8.7	3.8	3	3	65.9	84.8	206,976通り
1	0	1	0	1	2	5.8	1.8	14.6	5.9	35.8	32	1.8	35.8	90.1	645,120通り
0	3	0	1	1	0	3	6.6	4.8	11.9	3.8	2.7	2.7	11.9	29.8	194,040通り
1	1	0	2	0	1	4	1.7	20.7	7.7	5.1	8.6	1.7	20.7	43.5	537,600通り
3	2	0	0	0	0	1.4	2.6	2	5.7	4.8	1.6	1.6	5.7	16.7	829,440通り
3	1	0	1	0	0	1.8	2.9	4.5	2.8	1.3	9.5	1.3	9.5	21	337,920通り
2	0	2	1	0	0	2.4	2.4	6.4	7.7	2.5	4.1	2.4	7.7	23.1	584,064通り
2	2	1	0	0	0	1.8	6.3	1.8	4.9	3.3	2.2	1.8	6.3	18.5	802,816通り
2	2	0	0	1	0	2.2	1.3	2.5	4.9	3.8	9.2	1.3	9.2	21.7	571,200通り
1	0	2	0	1	1	4	3.5	12	5.4	18.4	4.2	3.5	18.4	43.5	460,800通り
3	1	0	0	1	0	2	2.5	18.4	2.5	4.8	4.5	2.5	18.4	32.7	570,240通り
1	2	0	1	1	0	2.8	6.6	3.8	12.2	3.1	3.7	3.1	12.2	29.4	917,504通り
0	1	0	1	1	2	6	5.3	5.5	18.1	8.8	32.3	5.3	32.3	70	898,560通り
1	2	0	0	0	1	3.8	1.9	4.1	6.1	59.8	3.6	1.9	59.8	75.5	285,120通り
2	2	0	0	0	1	3.4	1.5	4.4	32.7	4.1	1.6	1.5	32.7	44.3	599,040通り
2	3	0	0	0	0	1.6	4.7	1.5	4.1	1.9	5.2	1.5	5.2	17.4	604,800通り
3	0	1	0	0	1	2.6	3.9	4.3	5.3	2.5	16.6	2.5	16.6	32.6	756,000通り
1	2	1	1	0	0	2.4	6.9	6	3.4	4.3	3.5	3.4	6.9	25	544,544通り
0	1	0	1	0	2	5.4	3.7	27.6	7.8	4.9	22.2	3.7	27.6	66.2	749,088通り
2	0	0	2	1	0	3	3.3	1.9	11.1	10.2	7.6	1.9	11.1	34.1	389,376通り
1	0	1	1	0	2	5.8	6.8	125.1	16.8	8.1	1.4	1.4	125.1	158.2	912,384通り
2	1	0	1	1	0	2.6	4.4	6.7	3.1	3.1	8.3	3.1	8.3	25.6	1,410,048通り
2	0	0	1	0	1	3.4	1.3	2.2	11.5	9.3	7.4	1.3	11.5	31.7	456,192通り
3	0	1	0	0	0	2.6	4.2	13.9	6.1	2.1	3.2	2.1	13.9	29.5	1,044,480通り
3	1	1	0	0	0	1.6	4.6	2.4	7.1	3.7	2.8	2.4	7.1	20.6	798,720通り
2	1	2	0	0	0	2	2.6	5.9	4.5	5.8	1.3	1.3	5.9	20.1	848,640通り
0	2	2	0	0	1	3.4	4.3	4.2	2.8	28.2	8.3	2.8	28.2	47.8	589,824通り

超えていて多くの参加者がいることが分かります。

　有馬記念デーは近年だけを取り出してみても、そこそこの配当が飛び出している印象です。2018年キャリーオーバー、19年約2435万円、20年約2073万円、21年約166万円、22年約373万円。この5年間の有馬記念は1番人気3勝、2番人気、3番人気が1勝という具合ですので、有馬記念を決め打ちし、他のレースでは人気和などを駆使するといいかもしれません。

　また、本文では解説できなかったオッズ和も参考データとして掲載しています。当たり前ですが最終オッズでWIN5を購入することはできませんが、10倍台の馬が2勝すると500万円を超える〜というような目安にはなるはずです。

●あとがき

　筆者のこれまでのWIN5との戦いを振り返り、それを踏まえたうえで詳細なデータ分析を行い、期待値プラスのゴールドラッシュゾーンを発見することができました。これが鉱脈なのかどうなのか？　正解はまだ筆者にもわかりません。ただ、筆者は1840年代にアメリカの西海外で巻き起こったゴールドラッシュのような熱狂的なブームになってもおかしくないと考えています。

　筆者のX（旧Twitter）のユーザー名は@hinokun49です。筆者より先に@hinokunというユーザー名で登録された方がいたので、後ろに49をつけたのですが、筆者が49番目だったということではありません。種牡馬のフォーティーナイナーが好きだったので、それにちなんだのです。

　フォーティーナイナーはアメリカの大種牡馬ミスタープロスペクター（Mr. Prospector）の系統で、この系統にはゴールドラッシュにちなんだ名前の馬がたくさんいます。母はゴールドディガー（Gold Digger）で金採掘者という意味なので、そこからMr. Prospector（探鉱者）という名前を連想したのでしょうが、その子孫たちも、ゴーンウエスト（Gone West・西へ行ってしまった）、シーキングザゴールド（Seeking the Gold・黄金を求めて）、マイニング（Mining・採掘）という感じでゴールドラッシュを連想させてくれます。

　アメリカのゴールドラッシュに関しては、金を採掘したものよりも、金に目がくらんで集まってきた人につるはしなどの採掘道具や、ジーパンなどの作業着を売ったもののほうが成功を収めたとよく言われます。この時期のカリフォルニアで創業し世界的な大企業にまで成長したのは現在のリーバイ・ストラウス&カンパニーです。金採掘労働者たちが着ていた作業服がすぐにボロボロになるという問題を解決するために、リベット（金属製の留め具）で補強された耐久性のあるデニムジーンズを作りました。それが金採掘労働者たちの間でブームとなり、大きな成功を収めたのでした。なので、筆者もゴールドラッシュを煽って、金に目がくらんだものにツールを売ることでひと儲けしようとしていると思われてしまうかもしれません。
ChatGPTにゴールドラッシュについて尋ねると、以下のような返答がありました。

　「アメリカのゴールドラッシュは19世紀の重要な出来事であり、その間に数百万人が新たな機会と富を求めて西部へと移動しました。一般的に、最も有名なゴールドラッシュは1848年から1855年にカリフォルニアで起こったもので、これはしばしば『カリフォルニア・ゴールドラッシュ』として知られ

ています」

　1848年1月、ジェームズ・マーシャルがカリフォルニア州サクラメント川近くのミルで金を発見しました。このニュースは、当時アメリカ全土で大きな話題となりました。翌年、金を求めて数千人の移民（'49ers'として知られる）がカリフォルニアに殺到しました。

　しかし、このゴールドラッシュは持続可能なものではありませんでした。最初に到着した者たちは容易に金を見つけることができましたが、次第に金脈は枯渇しました。1852年頃には、易しく手に入る金はほとんどなくなり、鉱山を掘るための労働と機器が必要になりました。これは個々の金探しには難易度が高く、多くの人々が破産したり、農業、建設といった他の労働に移ることを強いられました。

　やはり、筆者はWIN5で高配当を夢見る人たちを騙そうとしていると感じられたでしょうか、そう感じれたのならもう一度、読み直して欲しい。「最初に到着した者たちは容易に金を見つけることができました」と書いてあります。ゴールドラッシュの初期段階では、金が表面近くに存在し、特別な設備や技術を必要とせず、また特に深く掘らずに手に入れることが可能でした。したがって、最初にカリフォルニアに到着した'49ers'の中には、容易に金を見つけて富を築くことができた人々もいたといいます。'49ers'という言葉には先行者利益を手にした者という意味も含まれているのです。

　翻って筆者も、3連複という新しい券種が誕生したときも、3連単が大々的に導入されたときも、いち早く攻略法を編み出し、先行者利益を得ることができたので20年も競馬ライターを続けることができました。ただ、ユーザー名に49を入れたのは先行者利益で成功した'49ers'を意識したわけではなく、馬名にちなんだもので偶然なのですが、これが運命の導きだったのかもしれません。

　WIN5が登場し、筆者はまだその採掘方法を模索中の身なのですが、発売から10年以上がたったいまも、どこに鉱脈が存在するのか知るものはいないと思われます。なので、ゴールドラッシュゾーンに本当に鉱脈が眠っているとしたら、大きな先行者利益を手にできることは間違いないでしょう。それを筆者が身をもって実践し、WIN5界の49ersになろうと思っています。
なので、読者の皆さんもゴールドラッシュの波に乗り遅れることないよう。
そして、幸運に恵まれることをお祈りして終わります。

2023年9月末日　樋野竜司

著者プロフィール

樋野 竜司

1973年生まれ。「競馬最強の法則」02年11月号巻頭特集「TVパドック馬券術」でデビュー。 その後も"ヒノくん"の名で「騎手キャラ」「無印良駿」など斬新な馬券術を次々に発表し、04年8月号「政治騎手」連載を開始するとさらなる反響を呼んだ。現在は「競馬の天才！」（メディアボーイ）誌上で「樋野竜司の政治騎手NEXT」を連載中。

●「政治騎手レポート」の毎週好評配信中!
政治騎手WEB http://www.hinokun.com/
ヒノくんnote https://note.com/hinokun/

競馬初心者でも安心！「WIN5の教科書」

２０２３年１０月２１日第１刷発行

著者	樋野竜司
発行者	島野浩二
発行所	株式会社双葉社
	〒１６２－８５４０東京都新宿区東五軒町３番28号
	TEL. ０３－５２６１－４８１８［営業］
	０３－５２６１－４８２９［編集］
	http://www.futabasha.co.jp/
	（双葉社の書籍・コミック・ムックが買えます）
印刷・製本	中央精版印刷株式会社

©Ryuji Hino & Seijikisyu WEB Staff Team,Printed in Japan,2023
ISBN 978-4-575-31830-2 C 0076